全国中等职业学校汽车类专业通用教材

全国技工院校汽车类专业通用教材（中级技能层级）

汽车维修企业管理

（第二版）

人力资源社会保障部教材办公室　组织编写

中国劳动社会保障出版社

简介

本书主要内容有：汽车维修行业发展现状与趋势，汽车维修企业概论，汽车维修企业生产安全与环境管理，汽车维修企业服务流程与维修质量管理，汽车维修企业客户关系与可持续发展，汽车维修企业财务与人力资源管理以及汽车三包、召回及保修管理等。

本书由艾娜任主编，张武、姜龙青任副主编，戴艳艳、张隆、袁永文、刘禹彤、王朋飞参与编写，段德军任主审。

图书在版编目（CIP）数据

汽车维修企业管理 / 艾娜主编．--2 版．--北京：中国劳动社会保障出版社，2023
全国中等职业学校汽车类专业通用教材　全国技工院校汽车类专业通用教材．中级技能层级

ISBN 978-7-5167-5955-4

Ⅰ．①汽…　Ⅱ．①艾…　Ⅲ．①汽车 - 修理厂 - 工业企业管理 - 中等专业学校 - 教材　Ⅳ．①F407.471.6

中国国家版本馆 CIP 数据核字（2023）第 113315 号

中国劳动社会保障出版社出版发行

（北京市惠新东街 1 号　邮政编码：100029）

*

北京谊兴印刷有限公司印刷装订　新华书店经销

787 毫米 ×1092 毫米　16 开本　10.5 印张　206 千字

2023 年 8 月第 2 版　　2024 年 3 月第 2 次印刷

定价：21.00 元

营销中心电话：400-606-6496

出版社网址：http://www.class.com.cn

http://jg.class.com.cn

前　言

为了更好地适应中等职业学校汽车类专业教学要求，全面提升教学质量，人力资源社会保障部教材办公室组织有关学校的骨干教师和行业、企业专家，在充分调研企业生产和学校教学情况、广泛听取教材用户反馈意见的基础上，对全国中等职业学校汽车类专业通用教材进行了修订。本次修订的教材包括：《汽车文化（第二版）》《机械识图（第四版）》《机械基础（第四版）》《电工与电子技术基础（第四版）》《汽车材料（第四版）》《钳工技能训练（第四版）》《汽车驾驶技术（第四版）》《汽车维修企业管理（第二版）》等。

本次教材修订工作的重点主要体现在以下几个方面：

第一，贯彻最新教学计划、教学大纲及国家职业技能标准。

根据人力资源社会保障部颁发的《技工院校汽车维修专业教学计划和教学大纲（2015）》《技工院校汽车电器维修专业教学计划和教学大纲（2015）》《汽车修理工国家职业技能标准（2014 年修订）》对相关内容进行了修订。

第二，根据岗位需求和科学技术发展，合理更新教材内容。

根据汽车类专业毕业生所从事岗位的实际需要和教学实际情况的变化，合理确定学习目标，对教材内容的深度、难度做了适当调整，同时注重综合职业能力的培养。根据相关专业领域的最新发展，在教材中充实新知识、新技术、新材料、新工艺等方面的内容，体现教材的先进性；采用最新国家技术标准，使教材更加科学和规范。

第三，具备鲜明的汽车专业特色，创新教材表现形式。

教材编写以汽车及其零部件为载体或选取汽车行业案例，充分体现专业特色，增加了实操内容在教材中的比重。为了增强教材的表现效果，激发学生的学习兴趣，教材中使用了大量高质量的实物图片，多数教材采用四色印刷，图文并茂，提高了教材的可读性。

第四，开发多种教学资源，提供优质教学服务。

为方便教师教学和学生学习，教材配套提供了电子课件、教案示例、习题册参考答案等教学资源，可通过技工教育网（http://jg.class.com.cn）下载使用。除此之外，在部分教材中还借助二维码技术，针对教材中的重点、难点内容，开发制作了微视频，可使用移动设备扫描书中二维码在线观看。

本次教材修订工作得到了北京、河北、江苏、山东、广东等省（直辖市）人力资源社会保障厅（局）及有关学校的大力支持，在此表示诚挚的谢意。

人力资源社会保障部教材办公室

2022 年 7 月

目录

第一章

汽车维修行业发展现状与趋势

第一节　汽车维修企业现状与行业特点

学习目标

1. 了解汽车维修行业的现状。
2. 了解汽车维修行业现阶段存在的问题。
3. 了解汽车维修行业的特点。

【案例导入】

张同学考上了某所职业院校汽车检测与维修专业，这个专业的前途怎么样呢？这不仅是张同学的困惑，其他很多同学也存在同样的困惑。带着这个困惑，他查询了大量资料。

随着汽车工业的飞速发展，中国汽车维修业也得到了快速发展。在计划经济时代，由于车辆主要集中在运输企业中，汽车维修附属于汽车运输企业，独立的汽车维修企业非常少；改革开放后，中国的车辆分布发生了本质的变化，车辆的普及使汽车维修业走向社会化，并促使汽车维修业从产品型行业向服务型行业转变，按照市场化的要求，形成了一个社会化的、资金和技术密集型的、相对独立的行业。

据公开资料显示，截止到 2021 年 3 月，全国机动车保有量达 3.78 亿辆，其中汽车 2.87 亿辆，机动车驾驶人 4.63 亿人，其中汽车驾驶人 4.25 亿人。2021 年一季度全国新注册登记机动车 966 万辆，新领证驾驶人 839 万人。全国汽车保有量超过 100 万辆的城市共有 72 个，其中汽车保有量超过 200 万辆的城市 33 个，超过 300 万辆的城市 16 个。北京汽车保有量超过 600 万辆，成都、重庆汽车保有量超过 500 万辆，苏州、上海、郑州汽车保有量超过 400 万辆。

【知识准备】

一、汽车维修行业现状

我国道路运输市场，特别是汽车维修市场随着改革开放的深入而逐步对社会开放，中华人民共和国交通运输部（原交通部）于 1983 年提出了开放政策，出现了各行各业、各部门、各单位都来从事投资少、见效快的汽车维修业的状况。1983—1989 年汽车维修业户飞速发展，全国由 2 万家增长到 10 万家；1989 年后企业数量每年仍以较高的速度增长，截至 2006 年年底，全国共有汽车、摩托车维修业户 34 万家，其中汽车维修业户 25.7 万家，一类汽车维修企业 0.97 万家，二类汽车维修企业 5.1 万家，三类汽车维修业户 19.6 万家，摩托车修理业户 8.3 万家；从业人员达到约 231 万人，其中技术负责人约 22.8 万人，质量检验员约 19.2 万人。截至 2019 年年底，我国汽车维修业户增至 51.7 万家，2020 年受新型冠状病毒肺炎影响汽车维修业户有所下降。如图 1–1 和图 1–2 所示分别为近年来中国汽车售后维修市场规模和中国汽车维修企业数量。

一个以中心城市为依托，一类汽车维修企业为骨干，二类汽车维修企业为基础，三类汽车维修业户为补充，汽车综合性能检测站为质量保证，各种经济成分协调发展的汽车维修网络和市场格局已基本形成，较好地适应和满足了营运车辆和社会车辆的维修需要，为国民经济和社会发展做出了应有的贡献。

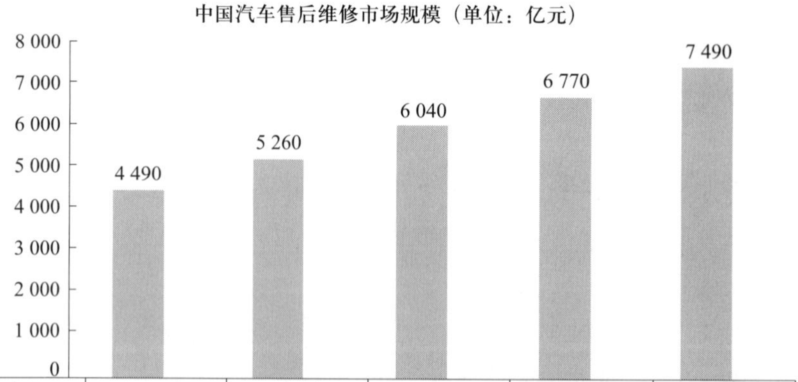

年份	2016年	2017年	2018年	2019年	2020年
市场规模	4 490	5 260	6 040	6 770	7 490

图 1–1　2016—2020 年中国汽车售后维修市场规模

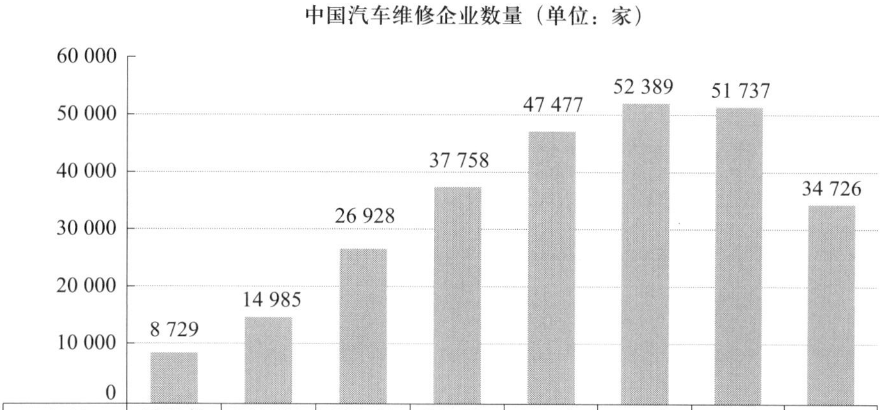

年份	2013年	2014年	2015年	2016年	2017年	2018年	2019年	2020年
企业数量	8 729	14 985	26 928	37 758	47 477	52 389	51 737	34 726

图 1-2　2013—2020 年中国汽车维修企业数量

二、汽车维修行业现阶段存在的问题

我国的汽车维修行业已经取得了巨大进步，出现了前所未有的大发展，汽车维修企业的管理水平、服务意识都有了明显的提高，扩大了服务范围，改变了服务方式，增加了服务设施，技术装备水平有了很大提高，现代汽车检测诊断技术得到了广泛应用。但是与我国汽车技术的发展和用户日益增长的需求仍有一定的差距，存在一些问题。

1. 从汽车维修企业的数量和布局看，由于民营企业的随意性，大中城市中汽车维修能力已经过剩，而乡镇地区的汽车维修能力仍然不足，存在分布失衡、供求关系失调的现象。

2. 从汽车维修从业人员的素质来看，普遍存在着数量过多而素质低的问题，这里所述的素质，包括思想政治素质（如职业道德）、文化素质、专业技术素质等。

3. 从汽车维修的产品质量与服务质量看，从业人员素质偏低，维修质量和服务质量较差，但维修费用普遍较高，特别是高档轿车维修，由于无相应的收费标准，且汽车维修又大多以换件为主，汽车配件的供应渠道众多，假冒伪劣混杂，造成了汽车维修价格混乱和乱收费等现象。

三、汽车维修行业特点

汽车维修企业是汽车维修行业中最基本的独立经济核算单位，是通过具体的汽车维修服务活动获得盈利的。汽车维修行业是在社会发展的经济活动中，同类汽车维修企业的集合。现代汽车维修的行业特点是由它的服务对象和生产特点所决定的。

1. 汽车维修企业具有“服务性工业企业”的特征

汽车维修企业既具有一般工业企业的基本特征，在汽车维修企业内部不仅配备有较多的汽车维修设备和汽车检测诊断设备，而且还需要根据汽车维修的工艺要求，严密组织劳动力，合理安排工序，工种多、分工细，且要彼此相互协作。又区别于一般的工业企业，具有“服务性工业企业”的特征，归属于第三产业（服务业）。

2. 汽车维修企业具有“点多、面广、规模小”的特点

汽车维修业在为汽车制造业和汽车运输业提供服务的同时，其主业仍是为汽车用户提供汽车维修服务及汽车配件的销售，由于在用汽车流动性强、遍布于城乡各地，因此汽车维修企业也必然随之分布于社会各个角落，具有很大的分散性。这也决定了汽车维修企业的规模不可能很大，具有“点多、面广、规模小”的特点。

3. 汽车维修业属于技术密集型企业

现代汽车维修企业所维修的汽车（特别是轿车）大多已经是集中了高科技的机电一体化产品，其结构复杂、高新技术密集，而且现代的汽车维修企业又几乎要维修现代轿车所有的品牌和车型，现代骄车品牌型号多、翻新速度极快（随出厂年代和使用条件各异），因而其维修工艺复杂，所需用的专用维修设备和检测诊断设备各异，且涉及工种多、工种差别大，使汽车维修企业的作业内容、作业方法和作业深度千差万别，不可能采用单品种、大批量的机械化流水线作业方式，徒手作业较多。因此汽车维修企业具有技术密集型的特点，其从业人员不仅要具有较高的技术素质，而且还要不断学习和更新技术。

4. 汽车维修企业的竞争性强而稳定性差

随着汽车进入寻常百姓家庭，汽车维修业将是一个社会化的行业，它将随着汽车制造业和公路运输业的兴衰而兴衰，具有较强的市场调节属性。汽车维修业不仅稳定性很差；而且还要根据市场需求在市场竞争中自行调节，并逐渐趋于动态平衡。

【案例分析】

据德勤发布的《2020 中国汽车后市场白皮书》统计，中国汽车存量市场在历经二十年的高速发展后，即将一跃成为全球最大的单一市场，汽车维保市场容量持续增长，预计 2025 年可达 1.7 万亿元规模。得益于过去二十年的经济高速发展和人口红利，中国汽车保有量有望在 2025 年前超过美国，成为全球保有量最大市场，全球最大汽车存量市场即将易主中国。

我国汽车保有量的持续增长为我国汽车维修业的发展奠定了坚实的基础。汽车维修行业不仅对汽车维修人才的需求非常迫切，对汽车维修人员的要求也越来越高，汽车维修企业管理的难度也越来越大，管理的重要性不言而喻。这就迫切需要院校培养大量的汽车专业人才，现阶段我国汽车维修行业的技术骨干有 98% 是职业学校的毕业生，在相当多的城市，汽车维修专业的高级技能人才收入甚至超过本科生、硕士研究生。经过

专业化培训的优秀汽车检测与维修技术人员，具备专业汽车营销能力，能够从事汽车营销、技术服务、汽车信贷、汽车保险与理赔、二手车交易等复合型汽车检测与维修技术人才仍十分匮乏。汽车检测与维修专业的就业前景十分广阔。

【评价与讨论】

一、自评与互评

结合本节学习目标，对知识掌握情况进行自评与互评，见表 1–1。

表 1–1　　自评与互评

评价内容	自评	互评
能否准确叙述我国汽车维修行业市场规模（25 分）		
能否准确叙述我国汽车维修行业现阶段存在的问题（25 分）		
能否准确叙述我国汽车维修行业的特点（25 分）		
能否正确分析汽车维修专业的就业前景（25 分）		
总评（学生自评 40%+ 小组互评 60%）		

二、小组讨论

1. 如何理解汽车维修企业属于服务行业?
2. 根据你的理解说明汽车维修业属于技术密集型企业。

第二节　汽车维修行业的发展趋势

学习目标

1. 了解汽车维修行业现状。
2. 了解机动车维修行业相关政策法规。
3. 了解汽车维修企业的转型。
4. 了解汽车维修行业的发展趋势。

【案例导入】

张同学通过网络了解了一些关于汽车维修市场方面的内容，发现一名优秀的汽车维修人员既要跟上时代技术的发展，又需要一定的维修经验累积。张同学所在的城市拥有 10 年及以上维修经验的师傅不在少数，如果毕业后再加入这个行业，他对将来能否胜任这份工作以及这个行业是否还具有竞争力等问题有些疑惑，当然他最关心自己的收入会怎样，以及行业的发展走向会怎样。另外，他从业内人士处了解到，天猫、京东、途虎等一些汽车维修连锁企业近年来势头正盛。对于未来汽车维修行业的发展趋势，张同学应该如何应对?

【知识准备】

一、汽车维修行业现状

汽车后市场是指汽车销售以后，围绕汽车使用过程中的各种服务，涵盖了从汽车出售后到汽车拆解报废过程中发生的所有交易，具体涉及配件销售、维保、修理、美容、二手车整备和改装、养护等服务。随着汽车普及率的不断提高，我国私家车拥有量持续增长，“三分修、七分养”的理念也逐渐被广大汽车用户所接受，从而扩大了汽车后市场的规模。

二、机动车维修行业相关政策法规

1.《中华人民共和国道路运输条例》

该条例规定了从事道路运输经营及道路运输相关业务的市场准入条件，以及机动车维修经营者违法维修机动车、签发虚假的机动车维修合格证、使用假冒伪劣配件等行为应承担的法律责任。

2.《机动车维修管理规定》

《机动车维修管理规定》由交通运输部于 2021 年 8 月第四次修正后发布实施，明确规定了维修经营规范、维修质量管理、维修经营活动的监督检查、机动车维修经营者和托修方对机动车的改装范围及需办理的手续等。作为汽车维修承修企业，在实际维修过程中务必重视此规定的实施，具体可查阅参考相关规定原文。

3.《二手车流通管理办法》

《二手车流通管理办法》于 2005 年 10 月 1 日起施行，由商务部审议通过并经公安部、工商总局、税务总局同意，已在有关官方网站公布，明确规定了禁止经销、买卖、拍卖和经纪中不允许销售情形的车辆范围。

三、汽车维修企业的转型

随着人们生活水平的提高和思想观念的转变，也随着车辆及配件供应情况的好转，我国的汽车维修行业在服务对象、维修观念、维修制度、维修力量和作业方式等方面都发生了巨大变化。

1. 在汽车服务对象上，过去是纯粹为汽车运输业服务，因而主要集中于大城市，从属于汽车运输业；现在则既为汽车运输业服务，也为汽车制造业服务（从事汽车的销售和服务），因而正在逐渐形成相对独立的行业，并遍及各行各业，逐步向小城市和县乡郊区扩散。

2. 在维修观念、维修制度、维修力量和作业方式上，由于我国加快了在用车辆的更新改造，并日益重视能源消耗和汽车排放，综合考虑汽车维修的社会效益和经济效益，我国的汽车维修观念和制度也随之发生了明显变化，已经由过去的“强制保养、计划修理”转变为今天的“定期检测、强制维护、视情修理”，即便是修理（特别是轿车维修），也已经由过去的“以旧件修复为主”逐步发展成为今天的“以换件修复为主”。

四、汽车维修行业的发展趋势

目前，国内汽车维修行业总的发展趋势是汽车维护正在向汽车检查/维修制度的方向发展；汽车修理正在向汽车美容翻新的方向发展；汽车维修企业的经营规模正朝着超大型（连锁经营）和超小型（快修店）两极分化的方向发展。

1. 汽车维修企业飞速发展，正朝着规模化、高档次、多服务形式的方向发展

自改革开放以来，我国经济由粗放型向集约型转变，汽车维修业通过企业兼并和资产重组等方式，扩大经营规模、建立企业集团，促进了汽车维修业的上规模和上档次，使汽车维修业正在朝着规模化、高档次、多服务形式的方向发展。随着我国改革开放的不断深入和国民经济的持续发展，也随着汽车保有量的成倍增加，我国汽车维修企业的数量持续猛增，经营状态持续火爆，使汽车维修业获得了更加飞速的发展。

汽车维修业的飞速发展活跃了汽车维修市场，而且也使汽车维修业日益成为国民经济中新的增长点，在国民经济中的作用与地位也日益重要。正因如此，汽车维修业正吸引着社会各界的关注和投资，并通过企业兼并和资产重组，新组建了不少具有一定规模并相对独立的为某单一品牌轿车做售后技术服务的4S特约维修服务站。由于这些企业的资金雄厚、起点较高、整体素质和维修档次较高，因此不仅其经营规模越来越大、档次越来越高，服务形式越来越多；而且还使我国的汽车维修市场由过去的供不应求发展到现在的供求大致平衡，甚至供大于求。

2. 依靠高新技术来增强汽车维修企业的竞争力，并朝着专业化、工业化的方向发展

随着汽车新结构和新技术的不断采用，现代汽车的科技含量日益提高，不仅带动着汽车维修技术的飞速发展，还对汽车维修技术提出了更新、更高的要求，迫使汽车维修业必须依靠现代化的专业维修设备及检测诊断设备、依靠掌握了现代科学技术的专业人才来体现企业的竞争优势，而过去的那种修修补补、科技含量和附加值很低的汽车维修企业正逐步被市场所淘汰。为了缩短汽车维修在厂时间，提高汽车维修质量，现有汽车维修业的分工正在逐渐细化并朝着专业化、工业化的方向发展，例如轿车维修企业大多只为某单一品牌轿车做售后技术服务；新成立的汽车维修企业大多只承担某专项汽车维修（专修汽车电控系统 EFI、自动变速器，或者专门从事钣金、喷漆、动平衡与汽车美容等）。正是由于汽车维修服务的专业化，促使汽车维修企业开始朝着工业化流水作业的方向发展，如图 1–3 所示为某汽车自动变速器生产企业。

图 1–3　某汽车自动变速器生产企业

3. 现代汽车维修业开始采用先进的管理手段，向管理要效益

汽车维修业通过现代化的管理手段（特别是电子技术和信息技术的广泛应用），不仅实现了汽车维修业生产经营管理的科学化和规范化，而且也促进了汽车维修企业管理的不断发展。例如商务信息和互联网技术已成为现代汽车维修企业管理者的强大助手，车辆的进厂记录、维修过程记录、配件管理、财务管理、人事管理已经实现计算机管理，有的品牌 4S 特约维修服务站和连锁经营快修店还实现了对生产现场的电子监控，通过公开维修项目、公开收费标准、公开修理过程、公开服务承诺不仅提高了企业管理水平，也改善了企业服务质量。现代汽车维修企业正在采用先进的管理手段来改善企业的生产经营管理，以提升企业的产品和服务质量，向管理要效益。

4. 汽车维修业正朝着连锁化的方向发展

汽车快修连锁经营模式具备成本低、速度快、反应及时、适应性强、方便快捷和技术信息资源及专用设备可共享等优点，决定了其拥有广阔的发展前景，它的出现将从根本上取代传统汽车维修企业零散性的经营模式。

近几年互联网流量巨头与后市场模式引导下的天猫养车、途虎、京车会等企业日渐增多，如图 1–4 所示为途虎养车工场店。由于这类型企业投资少，市场占有份额多，配件和维修技术可以由总部统一供应和指导，资金周转快，昂贵的检测诊断设备可以共享等原因，连锁经营快修店的经营成本必然降低，这就保证可以从客户的立场出发，坚持“以客户服务为中心，以客户满意为关注焦点”，吸引更多客户，大大降低投资风险。

图 1–4　途虎养车工场店

5. 旧车交易市场和旧车翻新市场逐渐兴起

欧美国家的旧车交易量及维修量通常是新车交易量及维修量的 7 倍。国外的旧车交易和旧车置换是以整车销售、零配件销售、汽车维修、技术服务（包括信息反馈、技术培训、旧车置换等）为主的 4S 品牌经营企业一体化服务。在我国，新车交易市场的空前活跃，也带动了旧车交易市场的快速发展。由于旧车经销商、卖主和买主在旧车交易时都希望得到公正的车况检测和必要的维修翻新，而汽车维修企业正具备这种车况检测和维修翻新的能力，因此，旧车交易市场和旧车翻新市场必将引入汽车维修企业。

6. 新能源汽车市场发展势头强劲，汽车维修业向电动化方向转型

近年来，我国新能源汽车市场规模全球领先，2022 年新能源汽车新车的销量达到汽车新车总销量的 25.6%。新能源动力关键技术取得了有效突破，特别是在人工智能芯片、智能座舱等方面均达到了国际领先水平。因此，新能源汽车售后市场的发展也突飞

猛进，汽车维修业正向电动化方向转型。

【案例分析】

1. 我国汽车维修行业整体收入

据公开资料显示，我国汽车维修行业从业人员的文化水平偏低，无论是汽车维修技术人员还是维修管理人员，普遍存在知识结构老化，高级技术和管理人才严重缺失的共性问题。

2. 行业发展趋势及应对

结合国际国内行业发展趋势，新能源汽车将逐渐成为主流，行业迫切需要一部分专业人才持续且不断地注入。面对行业利润分配，将逐渐由零部件销售收入转为以服务为主导、技术为辅的服务行业。对于新能源汽车维修，从业者接受新的知识，学习摸索新的方法，以适应这个行业的需求，对从业者既是挑战也是机遇。

近几年免费洗车、保养大战、保险费改、公车改革以及“天猫养车”“途虎养车”等连锁经营快修店的布局连番上阵，不停冲击着汽车维修行业及市场。无论是一般的修理店还是专项店，技术和服务始终是一家维修服务企业所应具备的首要条件和要素。

【评价与讨论】

一、自评与互评

结合本节学习目标，对知识掌握情况进行自评与互评，见表 1–2。

表 1–2　　自评与互评

评价内容	自评	互评
能否准确叙述汽车维修行业现状（25 分）		
能否准确叙述汽车维修行业是如何转型的（25 分）		
能否列举机动车维修行业相关政策法规（25 分）		
能否准确叙述汽车维修行业的发展趋势（25 分）		
总评（学生自评 40%+ 小组互评 60%）		

二、小组讨论

1. 简述汽车维修行业的发展方向。
2. 汽车维修行业的特点是什么？

第二章

—— 汽车维修企业概论

第一节　企业管理的基本概念

学习目标

1. 掌握企业、企业管理及汽车维修企业的基本概念。
2. 掌握企业管理的基本任务。
3. 掌握企业管理的基本职能。
4. 理解企业管理者的素养要求。
5. 理解汽车维修企业的经营思想。

【案例导入】

某三线城市一家汽车4S店，由于公司扩展太快，管理人员紧缺，总部便提拔投资人的亲戚作为负责人前往该店进行管理。该亲戚之前在家以种地务农为主业，缺乏管理经验，遇到问题均交给下属去处理，来到公司并未做好管理工作。在其管理初期，由于当时国内汽车市场大环境较好，4S店的业绩并未受影响。但一段时间后，总部因为资金问题，导致员工工资延迟发放且超过60天，不少生活压力大的员工同部门领导陆续去咨询这位负责人，得到的答复是“公司现在没有充足的资金来发放工资，你们愿意干的就留下，不愿意干就离职”，很多员工因为怕丢了工作都没有敢再继续追问。自此以后，表面上大家都继续坚守岗位、认真工作，但实际消极怠工，开始频繁出现因偷工减料、私藏配件等原因造成的维修失误，客户投诉也日益增多，部分经验丰富的技术人员开始离职，尽管国内汽车行业形势大好，但该店的整体收入却处于下降趋势。

【知识准备】

一、企业与企业管理

1. 企业

企业是为了满足社会需求，从事商品生产和商品经营（流通或服务）等经济活动，并获取盈利的基本经济组织。在社会主义市场经济条件下，企业也是具有法人资格、享有民事权利并承担民事义务，依法自主经营、自负盈亏、自我发展、自我约束的独立经济核算单位。

2. 企业管理

企业管理是企业中的管理者通过计划、组织、控制、协调和领导等以人为中心的活动，有效地获得、调配和利用各种资源，以达到企业目标的全过程。

企业管理是社会化大生产发展的客观要求和必然产物，企业管理的发展大体经历了三个阶段，如图 2–1 所示。

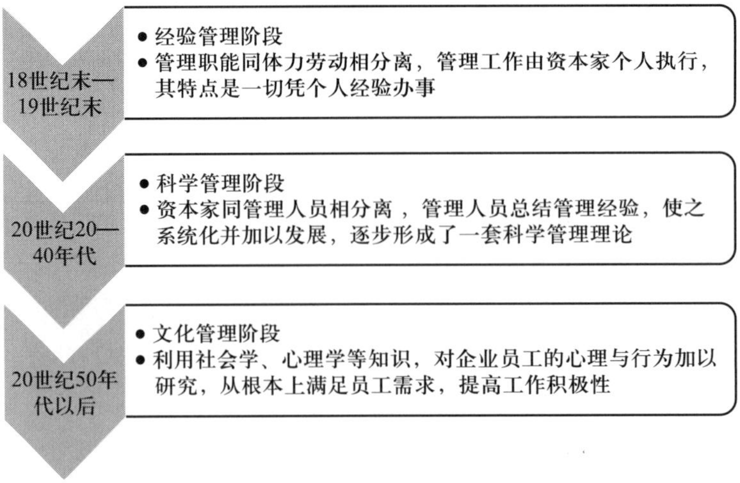

图 2–1　企业管理的发展阶段

（1）经验管理阶段

企业规模比较小，员工在企业管理者的视野监视之内，企业管理靠人治就能够实现。在经验管理阶段，对员工的管理前提是经济人假设，即认为每个人都以自身利益最大化为目标，都希望以尽可能少的付出，获得最大限度的收获，因此有这种看法的管理者采用以外激为主的激励方式。

（2）科学管理阶段

企业规模比较大，因此要把人治变为法治，但是对人性的认识还是以经济人假设为前提，靠规章制度来管理企业，对员工的激励和控制还是外部的，通过惩罚与奖励来管理员工工作，管理的内容是管理员工的行为。员工因为期望得到奖赏或害怕惩罚而按企业的规章制度去工作，在管理者的指挥下行动。

（3）文化管理阶段

文化管理阶段的前提是社会人假设，即认为人具有社会性的需求，人与人之间的关系和组织的归属感比经济报酬更能激励人的行为。企业要建立相应的以人为本的文化，通过人本管理来实现企业的目标。文化管理阶段并不是没有经验管理和科学管理，科学管理是实现文化管理的基础，经验仍是必要的，文化如同软件，制度如同硬件，二者是互补的。只是知识经济时期更加重视个人价值的实现，因此对人性的尊重显得尤为重要，企业管理要以人为本。

3. 汽车维修企业

汽车维修企业是指从事汽车维护和修理生产的经济实体，一般包括汽车维护企业、汽车修理企业、汽车专项修理业户、汽车技术状况诊断检测站等。汽车修理厂是指专门修理汽车和总成的单位。

二、企业管理的基本任务

1. 工业企业管理的基本任务

工业企业管理的基本任务是根据社会化大生产的客观规律，在国家计划、经济、行政以及法律的管理、监督、指导和调节下，合理而严密地规范和组织本企业的生产经营管理活动，最充分而有效地利用企业中的人力、物力、财力、信息、时间和空间，在向消费者提供商品和服务的同时，为企业创造最好的经济效益，实现企业的预定目标；而且还要承担企业的社会责任，在为国家积累资金的同时，保护生存环境，改善社会和社区的生活质量，从而为企业创造最好的社会效益，把企业建设成为具有高度精神文明和高度物质文明的社会主义现代化企业。

2. 汽车维修企业管理的基本任务

汽车维修企业管理的基本任务包括：不仅要满足汽车制造业和汽车运输业发展的需要，努力提高汽车维修质量，从而高质量、低消耗、短周期地维修好汽车；而且要为国家和企业不断提供更多的盈利，以扩大积累，把汽车维修企业建设成为具有高度物质文明和精神文明的社会主义现代化企业。

三、企业管理的基本职能

企业管理的基本职能包括计划职能、组织职能、领导职能、控制职能等。

1. 计划职能

计划是企业管理的首要职能。计划有多种形式，不同形式的计划的作用和范围是不同的。计划工作表现为确定目标和明确达到目标的步骤及过程，它包括机会估量、目标建立、行为方案选择等内容。通过计划，管理者为企业设计了一个行动蓝图，企业中的工作都是围绕着怎样实现这个蓝图而展开的。

2. 组织职能

组织是指为了有效地完成既定的计划，通过建立组织机构，确立职能、职责和职权，协调相互之间的关系，从而将组织内部各个要素组合成一个有机整体，使人、财、物得到合理使用的管理活动。其目的是使企业的生产经营活动协调、有序地进行，不断提高生产经营活动的效益。

建立高效、精干的管理组织，并使之正常运行，是实现管理目标的重要条件和依托。组织职能的内容主要包括：第一，确立合理的管理体制，建立合理的组织结构，正确划分管理层次，设置职能机构；第二，按照业务性质，确定各部门的职责范围，并按所负责任给予各部门、各管理人员相应的权力；第三，明确上下级之间的领导关系和相互之间的协作关系，建立信息沟通渠道；第四，正确挑选和配置各类人员；第五，加强考核培训，实行合理的奖惩制度等。

3. 领导职能

领导工作是管理者运用权力施展影响、指导各类人员努力达到目标的过程。管理者要成为一个好的领导者，必须懂得如何激励和调动人的积极性，要了解个体和群体的行为规律以及沟通方式、领导模式和领导理论。领导工作是管理活动中最困难、最富有挑战性的工作，现代领导人要努力掌握领导艺术，提高自身素质。

4. 控制职能

控制就是使计划按预定轨迹运行的管理活动。人们在执行计划过程中，由于受到各种因素的干扰，常常会使实践活动偏离原来的计划。为了保证目标及为此而制订的计划得以实现，就需要对管理过程进行控制。即要按既定的目标、计划，对企业生产经营活动过程中各方面的实际情况进行检查和考察，发现差距，分析原因，并采取措施予以纠正，使工作能按原计划进行，或根据客观情况的变化，对计划做适当的调整，使其更符合实际。控制需要借助于定量的分析方法，更需要管理者的经验和灵感。

5. 企业管理职能间的关系

企业管理职能间的关系如图 2–2 所示，控制职能与计划职能密不可分。计划是控制的前提，为控制提供目标和标准，没有计划就不存在控制；控制是实现计划的保证，没有控制，计划就不能顺利实现。控制的目的在于保证企业实际的生产经营活动及其成果同预定的目标相一致，通过控制职能，把计划规定的任务和目标转化为实际。

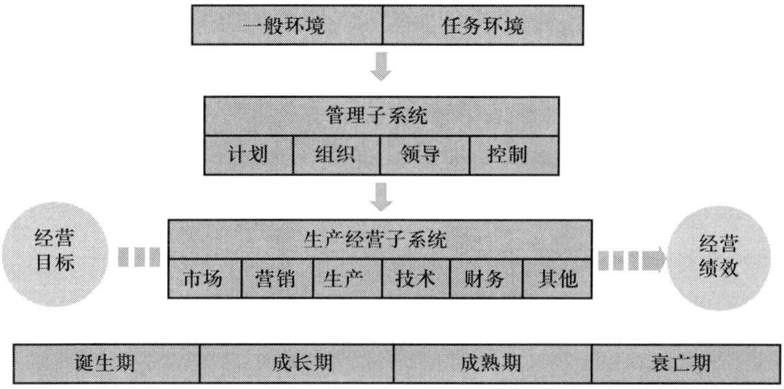

图 2–2　企业管理职能间的关系

在实际管理活动中，管理职能之间是相互联系、相互渗透、相互制约，是缺一不可的有机整体。任何组织的管理过程都是从计划开始的，计划职能是确定组织要做什么（组织目标）和怎样做（实施方案）的问题。组织职能就是按照计划的要求，组织人力和其他资源，以落实各项具体任务。执行任务的过程与结果是否符合计划的要求，又要通过控制职能来保证。管理者是根据计划，通过组织、控制和信息反馈来实施领导职能的，而领导的好坏又决定了其他三项工作的效益。管理过程就是这样环环相扣的，并通过信息反馈桥梁不断优化，任何一个职能出了问题都会影响其他职能和组织目标的实现。

四、企业管理者的素养要求

企业管理者的素养包括思想素养、知识能力素养、个人修养及心理素质。企业需要勇于承担责任的管理者，有了负责的管理者，才能有负责的员工。汽车维修企业管理者是汽车维修企业中履行管理职能，对实现组织目标负有责任的人，应当具备以下几方面的素养：

1. 思想素养

管理者不仅要会为人处世、善于思考，而且还要对自身负责的事业有强烈的责任心和敬业精神，要尊重科学，有强烈的信息观念，善于运用和捕捉信息，并且对企业、股东、员工、客户及社会负责。

2. 知识能力素养

知识能力素养是管理者必须具备的基本素养，尤其是汽车维修企业管理者，既要求管理者具备决策能力、创新能力、担当能力和指挥能力，同时又要具备应对事物发展的前瞻性。

汽车维修企业管理者应该懂得专业技术。作为一名汽车维修企业管理人员，不能把自己的水平和能力，仅定位在满足一般的企业经营管理上。管理者虽然不必对汽车维修样样精通，但至少要清楚企业技术水平、技术实力和企业优势。这样，有利于提高管理者在员工中的地位和威信，也有助于管理者正确把握问题方向，快速、有效地解决管理中遇到的实际问题。

汽车维修企业管理者应该了解生产经营、营销管理、财务管理、人力资源管理、会计、资本运营等方面的知识；需要了解汽车维修行业的法律知识，如公司法、税收法、合同法、广告法、商标法、知识产权法、环境保护法和劳动法等。

汽车维修企业管理者还应掌握组织和运行高效团队的科学知识、实践知识，具备同岗位的工作经历，应有较强的决策能力和组织能力，能够根据外部经营环境和内部经营实力的变化，设计出符合企业发展的管理新模式、新框架，有效地组织和配置企业的财力、物力、人力等资源，更好地完成企业经营目标。

3. 个人修养及心理素质

一个成功的汽维修企业的一线管理者必须谦虚、诚实、心胸开阔、有修养。在面对员工或客户的抱怨时，要保持心情平静，冷静地思考，保持良好的服务态度；在面对各种困难和挫折时不逃避，应变自如，勇于担当，对企业负责，对员工负责，更要对社会负责。

五、汽车维修企业的经营思想

一个企业能否在复杂的市场环境中取得成功，关键就在于企业经营管理者的经营思想。正确的经营思想可使企业健康发展，并不断取得良好的经济效益；错误的经营思想则会使企业误入歧途。因此，企业的经营管理者要树立正确的经营思想。

1. 树立良好的企业形象的经营思想

要树立良好的企业形象，首先要认真执行国家的方针政策、法律法规和财经纪律，顾全大局；其次是要处理好企业与国家、企业与企业、企业与职工之间的关系。特别是当前汽车维修市场竞争日益严峻，要想在这个市场中求得生存和发展，不仅要适应市场环境，而且要建立良好的企业形象，在取得经济效益的同时，顾及社会效益。

2. 实施专业化维修与多种经营的经营思想

专业化维修就是在企业内部，按照品牌分类，分别设置各品牌汽车的 4S 一体化经营模式的专业销售维修服务店，分别进行各品牌汽车的整车销售、零配件销售、汽车维修、技术服务，并广泛地使用各种专用维修设备和工具，确保汽车维修质量和服务质量、加快维修速度，降低维修成本（减少库存，降低消耗，不断降低汽车维修价格）。

多种经营就是在大型汽车维修企业集团内，由多个品牌汽车的专业销售维修店组成，由此构成整个企业的多等级和多品牌的多种经营；而在各品牌专业销售维修店内，各自实施单品牌汽车的销售维修专业化服务。

3. 树立为客户服务的经营思想

在汽车维修企业中，虽然汽车销售或汽车维修业务大多都是围绕客户的车辆进行的，但车辆是客户的，汽车维修企业的产品质量与服务质量都是由客户来评价的。因此，现代汽车维修企业的经营思想必须关注如何提高汽车销售人员与汽车维修服务人员的工作责任心；并以客户为关注点，关注如何帮助、服务于客户；在进行汽车销售或汽车维修时，一定要树立为客户服务的经营理念，以客户满意为目标，从满足客户需求出发，完成高质量的汽车维修服务。

4. 开展正当竞争、互利共赢的经营思想

市场竞争的目的并不是为了挤垮别人，而是为了实现互利共赢。因此，企业之间的竞争应该是公平、公正、公开的正当竞争，而不是不择手段的、你死我活的不正当竞争。任何不讲诚信的欺诈行为都属于不正当竞争，包括以高额回扣拉拢客户、使用伪劣配件、偷工减料、乱收修理费用，以及搞越级维修或越级改装翻新等。

【案例分析】

1. 未充分理解企业管理发展的三个阶段

纵观这家店这一段时间内的经营管理状态，其管理水平处在企业管理发展三个阶段中的传统管理阶段，即管理职能同体力劳动分离，管理工作由资本家个人执行，该阶段的主要特点是凭个人经验办事。显然这位领导不具备通过计划、组织、控制、协调和领导等以人为中心的活动来管理企业的能力，不能有效地获得、调配和利用各种资源，以达到企业目标。案例导入中具体表现为：遇到管理问题首先交给下属去处理，以离职等形式简单、粗暴地回绝员工的正当诉求。

2. 未充分理解企业管理的基本任务

为了促进汽车维修企业的发展，其管理的基本任务之一就是要努力提高汽车维修质量，从而高质量、低消耗、短周期地维修好汽车，形成良好的企业客户关系。案例中这家企业的管理者未从本质上分析问题，仅关注经济利益，忽视了客户与员工的诉求，从而导致维修保养质量降低、客户投诉增多等一系列不良后果。

3. 未充分理解企业管理的基本职能的内涵

企业管理的基本职能包括计划、组织、领导、控制等。各职能之间相互联系、相互渗透、相互制约，是缺一不可的有机整体。一个好的领导者，要提高自身素质，掌握领导的艺术，了解个体和群体的行为规律和沟通方式，懂得如何激励和调动人员的积极性。案例中提到的管理者在遇到拖欠工资情况时，不能很好地协调、组织各部门发挥职能作用，未安抚员工情绪，也未能调动员工工作积极性，仅依靠“愿意干就干、不干就离职”这一形式，对员工行为和企业管理进行简单地“控制”，从而导致了各种不良后果。

【评价与讨论】

一、自评与互评

结合本节学习目标，对知识掌握情况进行自评与互评，见表 2–1。

表 2–1　　自评与互评

评价内容	自评	互评
能否准确叙述企业与企业管理的基本概念（25 分）		
能否准确叙述企业管理的基本任务（25 分）		
能否准确叙述企业管理的基本职能（25 分）		
能否理解汽车维修企业的经营思想，对案例进行正确分析（25 分）		
总评（学生自评 40%+ 小组互评 60%）		

二、小组讨论

1. 案例中这家企业的问题到底出在哪里？
2. 为什么表面看似正常，员工积极工作，但公司的实际利润却一直下滑？
3. 如果你是该店的负责人，可做些什么来改变现状？

第二节　汽车维修企业的分类

学习目标

1. 掌握汽车维修企业按国家行业管理分类的类型。
2. 掌握汽车维修企业按经营形式分类的类型。
3. 掌握汽车维修企业按经营项目分类的类型。

【案例导入】

张先生原先在一家专业的汽车玻璃安装店工作，工资收入不错，后来他发现维修保险事故车很挣钱，于是就和朋友一起开了一家汽修厂，朋友负责投资，他负责管理，同时雇了两个钣金工和油漆工。经营一段时间后发现油漆工喷漆的手艺一般，车辆维修过程中经常出现底漆未处理好，或喷完漆之后跟原来的颜色相差太大，甚至还会出现掉漆的现象。这种情况对一家刚起步的汽修厂造成了很大的影响，不但失去客户信任，连保险公司也不愿合作，后来又因维修师傅的技术不过关，导致维修后的车辆短时间内再次发生故障，而要汽修厂承担赔偿责任，因此没过多久张先生就放弃了这家汽修厂又重新回到了原汽车玻璃安装店。

【知识准备】

汽车维修企业属于技术密集型行业，鉴于其经营规模、技术水平、设备条件、员工素质、厂房场地面积以及经营范围不同，为了使汽车维修企业管理实现系统化、规模化、科学化，必须对汽车维修企业实行分类管理。

汽车维修企业的分类是按照其完成维修作业的最高类别为依据而确定的。按行业管理规定分类如下：

一、按国家行业管理分类

根据国家标准《汽车维修开业条件　第 1 部分：汽车整车维修企业》（GB/T 16739.1—2014）和国家标准《汽车维修开业条件　第 2 部分：汽车综合小修及专项维修业户》（GB/T 16739.2—2014），汽车维修企业可分为汽车整车维修企业、汽车综合小修及专项维修业户，其专业技术人员、组织管理、设施设备、经营规模等有所差别。

1. 汽车整车维修企业

汽车整车维修企业是指有能力对所维修车型的整车、各个总成及主要零部件进行各级维护、修理及更换，使汽车的技术状况和运行性能完全（或接近完全）恢复到原车的技术要求，并符合相应国家标准和行业标准规定的汽车维修企业。按规模大小分为一类汽车整车维修企业和二类汽车整车维修企业：

（1）一类汽车整车维修企业是指从事汽车大修和总成修理，也从事汽车维护、小修、维修救援、专项修理和维修竣工检验工作的企业。

（2）二类汽车整车维修企业是指从事汽车一、二级维护和汽车小修的企业。

汽车维护是指为维持汽车完好技术状况或工作能力而进行的作业；汽车小修是指用更换或修理个别零件的方法，保证或恢复汽车工作能力的运行性修理。

2. 汽车综合小修业户

汽车综合小修业户是指从事汽车故障诊断和通过修理或更换个别零件，消除车辆在运行或维护中发现的故障或隐患，恢复汽车工作能力的维修业户。

3. 汽车专项维修业户

汽车专项维修业户是指从事汽车发动机维修、车身维修、电气系统维修、自动变速器维修、轮胎动平衡及修补、四轮定位检测与调整、汽车润滑与养护、喷油泵和喷油器维修、曲轴修磨、气缸镗磨、散热器维修、空调维修、汽车美容装潢、汽车玻璃安装及修复等专项维修作业的业户。

二、按经营形式分类

汽车维修企业按照经营形式可分为传统的汽车维修厂、3S 或 4S 特约服务站、连锁（加盟）经营店、主机厂直营店。传统汽车维修厂、综合维修厂、事故维修厂一般规模较大，也最常见。

1. 传统汽车维修厂（图 2–3）

传统汽车维修厂包括一些国有汽修厂或改制企业、综合维修厂、事故维修厂，这类型汽车维修厂一般由厂长负责，大多具有整车维修能力。随着汽车产品质量的提升，总成类部件维修的减少，这类维修厂也在持续更新升级中。

图 2–3　传统汽车维修厂

2. 3S 或 4S 特约服务站

3S 或 4S 特约服务站属于特许经营。4S 店全称为汽车销售服务 4S 店，是集整车销售（Sale）、零配件（Sparepart）、售后服务（Service）、信息反馈（Survey）四位一体的汽车销售企业。3S 店则是少其中的信息反馈环节。4S 店模式自 1998 年由广州本田汽车进入中国后，在国内发展极为迅速。汽车行业的 4S 店就是汽车厂家为了满足客户在服务方面的需求而推出的一种业务模式。4S 店的核心含义是“汽车终身服务解决方案”，其中售后服务环节根据各品牌的不同有不同的称呼，例如特约维修站、特约服务站、特约服务中心等，都是严格按照汽车主机厂的售后服务标准，有统一的视觉形象、统一的着装、统一的配件价格、统一的培训体系、配套统一的专用工具，实施统一标准的维修操作流程，并经过主机厂严格审核授权的特约维修服务商。

3. 连锁（加盟）经营店

连锁（加盟）经营是经营店与总部之间的一种经济协作关系。加盟店与品牌总部是独立主体之间的合同关系，资本是相互独立的，与总部之间除了合同规定的相关细则，并无资产纽带。加盟店的核心在于品牌总部对于特许经营权的转让，由初期缴纳的费用（加盟费、管理费、保证金）得以体现，品牌总部是转让方，加盟店是接受者，一个品牌可以有很多的加盟店，各自的人事和财务是相互独立的。加盟店最大的特点是规范化，部分标准来自 4S 模式，总部会制定统一的经营模式、服务规范、供货渠道、标识。同时总部会对各店进行统一的运作管理、技术支持、设备供应、人员培训等。

4. 主机厂直营店

主机厂直营店是指汽车品牌主机厂直接投资并经营管理的连锁店。一般由总部直接选择在各地市建店并直接参与经营管理，并提供销售、交付、服务等。

直营店由各主机厂直接经营管理，省去中间经销商，车企能够直接通过直营店对售后服务质量、车辆销售交付质量等进行直接管控，也能最真实地获取客户消费后反馈的信息。直营店若要实现全国覆盖，需要主机厂投入较多的资金和人力，资源耗费较大，但新车产品销售终端价格管控方便高效。近些年主机厂直营店备受新能源车企青睐。

三、按经营项目分类

1. 专项维修

汽车专项维修项目单一但业务精通，一般各地市均有这类企业，例如快速钣喷维修中心、局部修复喷漆、全车整形修复、发动机专业维修、变速器专业维修、汽车空调电器专业维修、底盘刹车专业维修、汽车蓄电池维修等。最常见的是汽车玻璃更换和局部修复，如图 2–4 所示的汽车玻璃专项维修。

2. 汽车养护

汽车养护包括常规保养，更换机油四滤（机油滤清器、汽油滤清器、空气滤清器、空调滤清器），高级养护（润滑系统、燃油系统、空调系统、冷却系统、动力传动系统、自动系统等深层次维护和清洗服务），快速换油等项目。

图 2–4　汽车玻璃专项维修

3. 汽车美容装饰装潢

对于多数客户，在购买新车后，由于受资金等其他因素限制，购买的车辆需要后期进行一些配置升级。几乎所有国内的 4S 店都有汽车美容装饰装潢服务。随着新车使用价值的降低，利润减少，多数车商会搭配汽车装饰来提高单车销售利润。汽车美容装饰装潢主要有车辆车漆镀晶、贴膜、真皮座椅包裹、地板铺设、多媒体系统加装等。

4. 汽车轮胎服务

此类型企业以汽车轮胎修补、更换、改装等服务为主，一般以社区为中心辐射周边用户，多以加盟连锁方式运营，减少备货资金压力。

5. 汽车改装

汽车改装是指根据汽车车主需要，将汽车制造厂家生产的原形车进行外部造型、内部造型以及机械性能的改动，主要包括车身改装和动力改装两种。近些年受法律的约束，改装越来越趋向于合法改装或原车升级改装，在不影响原车外观的基础上，对车辆低配置进行改装，实现同款车辆高配置的功能。

6. 专业翻新整备

随着我国汽车保有量的增加，新车更迭速度加快，不少经典的车辆一直在市场上大受青睐，因此出现一些主要以老旧配件翻新、清洗、真皮养护、上色等为服务的公司，使得原本老旧的车辆焕然一新。

【案例分析】

张先生虽然从事汽车维修，但汽车维修企业属于技术密集型行业，根据其经营规模、技术水平、设备条件、员工素质、厂房场地面积以及经营范围不同，进行了细分。张先生之前所处的汽车玻璃安装店仅是一家从事汽车玻璃更换与维修的专门店，属于汽车专项维修企业，他自身的知识水平以及管理经验明显不足，而汽车维修厂属于一类汽车整车维修企业，相应的投入要求也非常高，同时还要承担相应的维修责任，不单是投入几个维修技师就可以营业并获取利润的。不难看出，国家为了使汽车维修企业管理实现系统化、规模化、科学化，对汽车维修企业实行分类管理，汽车维修企业按经营项目分类非常细化。在细分市场稳扎稳打，也能有一份不错的收获。

【评价与讨论】

一、自评与互评

结合本节学习目标，对知识掌握情况进行自评与互评，见表 2–2。

表 2–2　　自评与互评

评价内容	自评	互评
能否准确叙述汽车维修企业按国家行业管理分类的类型（40 分）		
能否准确叙述汽车维修企业按经营形式分类的类型（30 分）		
能否准确叙述汽车维修企业按经营项目分类的类型（30 分）		
总评（学生自评 40%+ 小组互评 60%）		

二、小组讨论

案例中张先生参加工作的门店属于汽车维修行业分类的哪种类型？

第三节　汽车维修企业的管理机构

学习目标

1. 掌握设置企业管理机构的基本原则。
2. 掌握汽车维修企业管理的组织机构。
3. 理解股份制公司董事会的结构及职能。

【案例导入】

陈先生原来是一名出租车驾驶员，被亲戚邀请至其所经营的汽车4S店任职行政管理人员，主要负责员工考勤、消耗品采购等工作。陈先生到这家店里经过半年多的时间很快熟悉了自身岗位的工作，有些和他关系不错的员工开始利用业务关系对前来维修的事故车配件以次充好，甚至定损后不更换，倒卖配件等。由于陈先生对事故车维修和管理流程了解甚少，同时又缺乏专业的管理和监督，这家店在他的管理下运营一段时间后，售后服务经理和技术总监纷纷离职，一些维修技师和服务接待也纷纷跳槽。有客户起诉这家公司在事故维修过程中存在定损金额过大，很多配件没有换新仅翻新，有部分更换的配件还是副厂配件等诸多问题，导致自己同家人在外出时，车辆底盘发生故障，车辆抛锚造成车辆受损严重且家人受伤住院的严重后果。陈先生所在的4S店不但需要给客户一定数额的经济赔偿，还被当地媒体曝光，被主机厂处罚，公司形象严重受损，致使销售及售后业务急剧下滑，随后因经营不善而倒闭。

【知识准备】

一、设置企业管理机构的基本原则

1. 任务与目标原则

企业组织设计的根本目的是为实现企业的战略任务和经营目标服务，这是企业组织设计最基本的原则。目标与组织结构之间是目的和手段的关系，衡量组织结构设计的优劣，要以是否有利于实现企业任务和目标作为最终的标准。当企业任务、目标发生重大变化时，组织结构必须做出相应的调整和变革，以适应任务、目标变化的需要。

2. 专业分工和协作原则

现代企业的管理工作量大、专业性强，分别设置不同的部门有利于提高管理工作的质量与效率。各部门只有分工合作、加强配合，才能保证各项管理工作的顺利展开。为贯彻这一原则，组织设计中要十分重视横向协调问题，主要有实行系统管理，把职能性质相近或工作关系密切的部门归类，成立各个管理子系统，分别由各副总经理、部长负责管辖；涉及一些必要的委员会及会议来实现协调；创造协调的环境，提高管理人员的全局观念，增加相互间的共同语言。

3. 指挥统一原则

要保证行政命令和生产经营指挥集中统一，机构设置上要实行首脑负责制。每个企业、车间都必须确定一个人负总责全权指挥；正职领导副职，正副之间是上下级关系；一级管一级，各个管理层次实行逐级指挥和逐级负责，一般不越级指挥；实行“直线—参谋制”，将管理人员分为两类，直线指挥人员发号施令，参谋职能人员业务指导和监督，避免多头指挥。

4. 有效管理幅度原则

一名领导人能够有效领导的直线下属是有限的，受职务性质、干部素质、职能机构健全与否等影响，管理幅度的大小同管理层级的多少成反比例关系，企业必须考虑到有效管理幅度的制约，有效管理幅度也是决定企业管理层次的一个基本因素。

5. 责权利结合原则

建立岗位责任制，明确每一管理层次、岗位的责任和权力，赋予管理人员的权力、责任要相对应，防止有责无权或责大权小、形同虚设，同时杜绝滥用权力瞎指挥。贯彻落实责任制度要同相应的经济利益挂钩，使管理人员尽责用权具有必要的动力机制。

6. 集权与分权相结合原则

集权利于保证企业统一领导和指挥，利于人、财、物分派使用；分权则是调动下级积极性的必要组织条件，合理分权有利于上层领导摆脱日常事务，集中精力抓重大问题。企业在确定内部上下级管理权力分工时，主要应考虑企业规模大小、企业生产技术特点、各项专业工作的性质、各单位管理水平和干部条件等。企业不同，集权与分权的程度也就不同。

7. 稳定性和适应性相结合原则

为了既保证组织外部环境和企业任务发生变化时能正常运转，又保证组织在运转过程中能根据变化情况做出相应的变更，组织应具有一定的弹性或适应性。组织既要建立明确的指挥系统、责权关系及规章制度，同时又要求选用一些具有较好适应性的组织形式和措施，使组织在变动中具有内在的自动调节机制。

8. 执行和监督机构分设原则

企业的质量监督、安全监督、财务监督等机构不应同执行机构合并为同一机构，这样才能使监督机构起到应有的作用。贯彻这一原则，要使员工懂得，对管理机构监督，不是对某个人不信任，而是为了对企业整体目标负责，是整个企业管理职能的有机组成部分。在强调监督的同时，加强对被监督部门的服务，有利于监督职能的顺利履行。

9. 精简机构原则

企业组织设置和人员配备，应当在保证完成任务目标的前提下，力求紧凑精干，人员越少越好。机构臃肿、人浮于事会降低经济效益，导致管理效率低下，助长推诿拖拉的官僚作风。贯彻精简机构原则，要注意在保证实现组织任务目标的大前提下来讲精简，避免单纯为精简而精简的倾向，实现精简，要注意员工培训和改进管理工作同步进行，以取得实效。

二、汽车维修企业管理的组织机构

企业是由人组成的，需要由人进行管理。为了使人力资源以最少的投入取得最大的产出，并充分挖掘投入人力资源的才能，建立适当的组织机构和设置相应的管理岗位极为重要。

1. 汽车维修企业管理的组织机构设计

汽车维修企业的管理机构和人员配置应主要根据企业的规模和业务流程（可分整车销售和维修业务两个部分）进行设计和优化。

（1）对于职工人数多于 100 人的大型综合汽车维修企业，应设置如图 2-5 所示的组织机构。

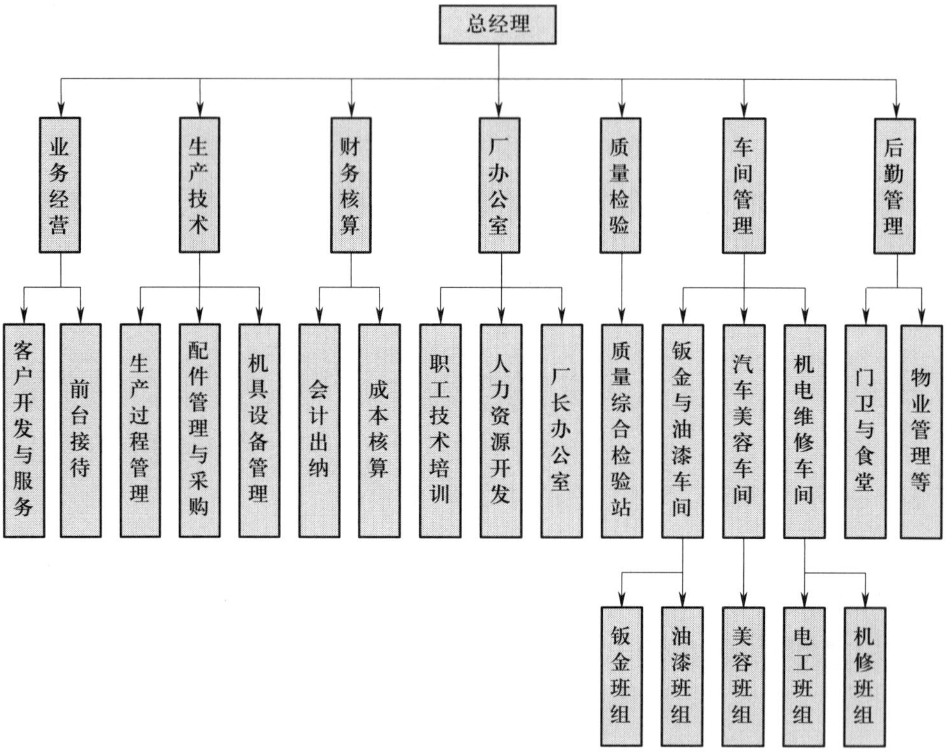

图 2-5　大型综合汽车维修企业组织机构

（2）对于职工人数少于 100 人的中、小型汽车维修企业，应设置如图 2-6 所示的组织机构。

（3）对于快修店、急修店等小型或超小型汽车维修店，应设置如图 2-7 所示的组织机构。

（4）4S 店由于品牌及规模不同，会出现多部门兼职或合并的情况出现。另外，随着纯电动汽车的普及，相关岗位名称、机构划分稍有不同，但都大同小异。

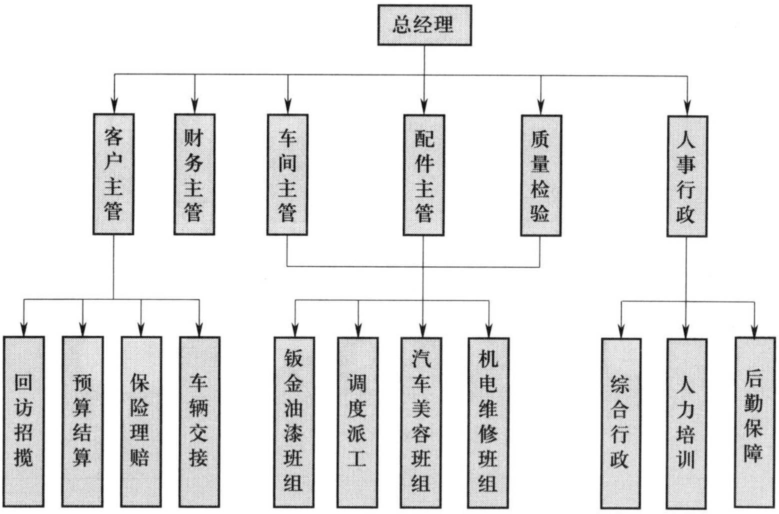

图 2–6　中、小型汽车维修企业组织机构

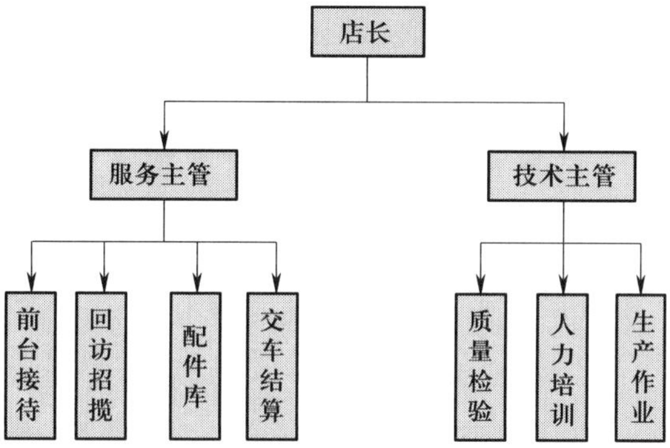

图 2–7　小型或超小型汽车维修企业组织机构

随着各汽车品牌对售后维修服务越来越重视，各主机厂要求其特约维修中心配备关键岗位，如大多数品牌的售后服务经理、技术经理、质检员、技术内训师、索赔员等均不得兼职，并对不同规模的站点设置不同的人员岗位最低要求。

各品牌 4S 店人员组织结构大都是由所承担品牌的主机厂根据各自品牌定位以及品牌商务政策制定并实施考核。因此，在兼顾品牌人员要求的情况下应合理安排人员兼职配比并合理调整岗位架构。某品牌汽车 4S 店组织机构如图 2–8 所示。

2. 股份制公司的董事会结构

对于股份制企业，特别是采用有限责任公司制的大型股份制企业，股东大会是其最高和最终的权力机构；它由股东（企业资产所有者）、董事会（决策层）、监事会（监督层）和高层经理（执行层）组成。股东、董事会、监事会和高层经理都应明确各自的职责，以便责权清楚、各司其职、各负其责、协调运转、有效制衡。股份制公司组织机构如图 2–9 所示。

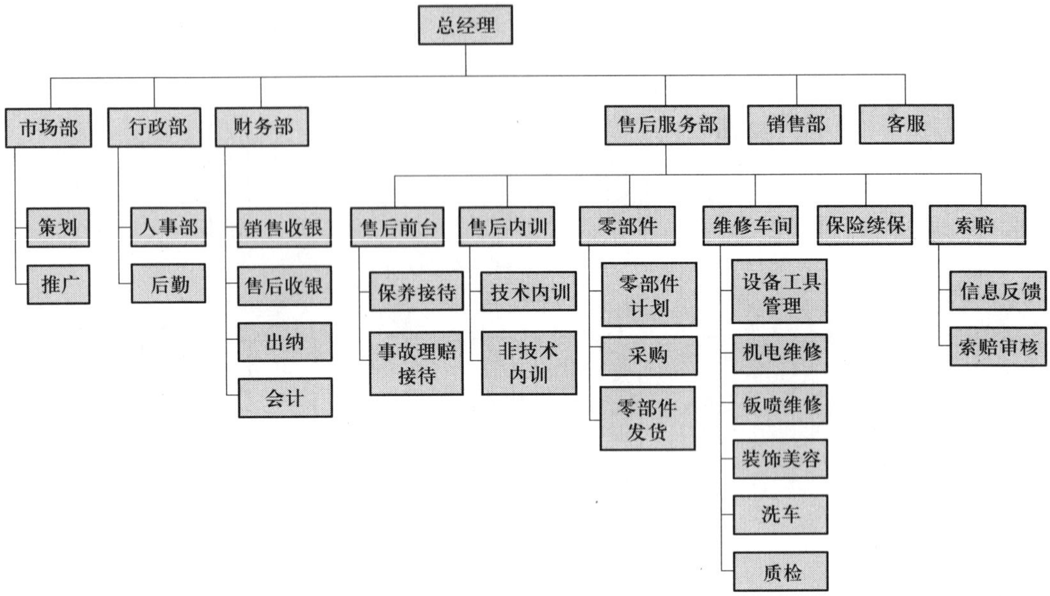

图 2-8　某品牌汽车 4S 店组织机构

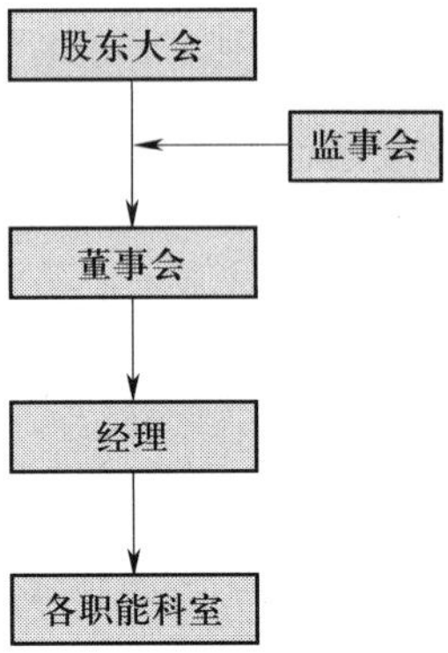

图 2-9　股份制公司组织机构

董事会是股份制公司中的关键决策机构，它负责公司的重大经营决策（包括聘任经营者，考核和评价经营者业绩等），以维护出资人权益，对股东大会负责。其职能包括以下几点：

（1）选聘公司总经理或者首席执行官；提名新董事（交股东大会通过）。

（2）参与制订并评估公司的战略与计划，监督和规范公司经营活动。

（3）审批公司人员聘任计划与薪酬计划。

（4）审核公司主要投资项目及主要经营项目；审计公司财务报表，评估公司财务表现，宣布公司红利分配方案。

（5）解决公司面临的各种危机等。

董事会下通常还设有各种专业委员会，例如审计委员会、薪酬委员会、提名委员会、执行委员会等。其中，审计委员会主要负责监督和审查企业经营情况及财务情况；执行委员会的职责是在董事会休会期间执行董事会权力。

【案例分析】

1. 未充分理解企业管理机构的专业分工和协作原则

一家汽车 4S 店的售后部门涉及机电维修、钣喷维修、装饰装潢、零部件更换、信息回访、业务接待等。每个岗位人员都有自己的工作职责，每个人都在其直属领导的引领下，专业分工，合理搭配，互相配合去认真完成每一项工作。多岗位共同完成一件事情，难免存在沟通不到位的情况，此时需要部门领导协调解决。汽车维修专业性非常强，分别设置不同的岗位和部门有利于提高管理工作的质量与效率，各部门只有分工合作、加强配合，才能保证各项管理的顺利展开。

陈先生原本入职为公司行政经理，应做好人员考勤、附件消耗品采购等后勤工作，却利用自身亲戚关系，直接插手处理维修部门的一些事务，显然违反了企业管理机构中的专业分工和协作原则。

2. 未充分理解企业管理机构责权利结合的原则

维修部门设立服务经理是为了统一管理整个售后相关业务，而技术总监和车间主管则负责整个车辆维修期间的一切流程事务。每个部门机构和岗位都有其相应的责任和权力，岗位任职人员应严守权限、各司其职、各尽其责，以工作为重，这样才能既满足客户需求，又促进公司的发展。陈先生介入售后相关维修工作后，既没有承担车间主管的责任，也无法承担技术总监的职务和责任，更没有能力全权处理整个售后业务，而相关责任人的权力却被陈先生取而代之，导致公司关键岗位人才流失。

【评价与讨论】

一、自评与互评

结合本节学习目标，对知识掌握情况进行自评与互评，见表 2–3。

表 2–3 自评与互评

评价内容	自评	互评
能否准确叙述设置企业管理机构的基本原则（40 分）		
能否准确叙述汽车维修企业管理的组织机构（30 分）		
能否准确叙述股份制公司董事会的结构及职能（30 分）		
总评（学生自评 40%+ 小组互评 60%）		

二、小组讨论

1. 结合案例分析陈先生违反了哪些设置企业管理机构的原则?

2. 通过学习汽车维修企业的组织机构参考图，如何在设置企业管理机构时，通过权力分配避免责权利分离现象的发生?

3. 如何理解设置企业管理机构中的精简机构原则?

第四节　汽车维修企业的开业条件

学习目标

1. 掌握汽车维修企业的开业条件。
2. 掌握汽车维修企业经营备案的要求。
3. 掌握汽车维修企业监督检查与变更。
4. 了解汽车维修企业应承担的法律责任。

【案例导入】

小张在某品牌 4S 店售后部门工作 5 年，后来回到家乡县城从事汽车维修工作，选择了一个位置偏僻且不大的门店，成立了汽车维修中心。店面成立初期，缺乏客户资源，维修保养的车辆少之又少，随着时间的推移，陆续有客户来保养车辆，生意逐渐好转。因此，上门推销汽车润滑油的供应商也逐渐增多，小张为了获取更大的利润，便选择了一款价格便宜的发动机润滑油为客户进行车辆维保工作。

不久，在他的门店保养过的车辆发生发动机抖动的现象，小张认为自己在保养过程中操作规范且无任何失误，因此不愿承担任何责任。随着时间的推移，越来越多在他的门店保养过的车辆发动机均发生了不同程度的损坏，直到很多客户聚集要求查明原因并承担赔偿时，才引起小张的重视。经第三方鉴定，是发动机润滑油存在品质问题，导致发动机产生异常磨损且抖动。待执法部门上门检查时，小张无法提供维修企业经营备案，资质不全且环保不达标，也无法提供合法的零部件进货渠道的相关证明，无正规的维修发票或单据，最终被责令限期整改并处罚金，同时赔偿客户损失。

【知识准备】

一、汽车维修企业的开业条件

汽车维修企业开业条件是指汽车维修行业主管部门对汽车维修企业开业审批和年度审验的基本条件，也是指各类汽车维修企业为保证其维修业务正常进行和保证维修质量所必须的设备、设施、人员素质等条件。

国家标准《汽车维修业开业条件》（GB/T 16739.1—2014、GB/T 16739.2—2014）中规定了汽车维修业必须具备的人员、组织管理、质量管理、生产管理、环境保护、设施、设备等条件。

1. 人员

人员素质是维修质量的关键，所有关键岗位人员都必须经过行业主管部门培训，并取得从业资格证书，持证上岗。汽车整车维修企业对企业管理负责人，技术负责人，检验、维修、价格核算人员提出了更高的要求。汽车综合小修及专项维修业户对专项维修人员的资质提出了更高的要求。只有提高各级管理人员及检验、维修人员的业务素质，并加强管理，才能从根本上解决维修质量低下的问题。

汽车维修企业应具备的人员配置如下：

（1）汽车维修企业应具有维修企业负责人、维修技术负责人、维修质量检验员、维修业务员、维修价格结算员、机修人员、电气维修人员、钣金（车身修复）人员和涂漆（车身涂装）人员。各从业人员资格条件应符合国家标准《机动车维修从业人员从业资格条件》（GB/T 21338—2008）的规定。

（2）维修质量检验员的数量应与维修企业的经营规模相适应。

（3）机修人员、电气维修人员、钣金人员和涂漆人员，一类企业至少应各配备 2 人；二类企业应至少各配备 1 人。

（4）其他岗位从业人员，一类企业应至少各配备 1 人，不能兼职；二类企业允许一人二岗，可兼任一职。

（5）从事燃气汽车维修的企业，至少应配备 1 名熟悉燃料供给系统专业技术的专职作业、检验人员，并经培训合格，持证上岗。

2. 经营管理

（1）应具有与汽车维修有关的法律法规等文件资料

汽车维修作为一种经济活动，其一切行为应遵守我国的法律法规，才能保障我国汽车维修行业的健康发展。目前，我国颁布的与汽车维修有关的法规文件主要有《中华人民共和国安全生产法》《中华人民共和国消防法》《中华人民共和国环境保护法》《中华人民共和国消费者权益保护法》《中华人民共和国标准化法》《中华人民共和国产品质量法》《中华人民共和国计量法》《中华人民共和国道路运输条例》《道路运输车辆维护管理规定》《汽车运输业车辆技术管理规定》《汽车维修质量管理办法》《中华人民共和国合同法》，汽车维修企业应收集并学习了解。

（2）应具有规范的业务工作流程

汽车维修企业应明示业务受理程序、建立服务承诺制度和用户意见受理制度等，有利于汽车维修企业工作的规范化、标准化，有利于提高企业素质，改善企业的社会形象。

（3）应具有健全的经营管理体系

汽车维修企业应设置技术负责、业务受理、质量检验、文件资料管理、材料管理、仪器及设备管理、价格结算等岗位，并落实责任人。规范的业务工作流程需要有健全的经营管理体系来保障，这些工作实际上也是企业管理体系的一部分。

（4）应实现电子化管理

汽车维修企业应建立维修档案、配件管理和费用结算等电子数据库，电子化管理可实现维修信息共享，大大提高管理效率。汽车经销商管理系统在4S店应用率非常高，中大型汽车修理厂也普遍采用信息化管理系统。

3. 质量管理

（1）汽车维修的国家标准、行业标准及相关技术标准

我国的汽车维修标准基本上可归纳为维修基础性标准、维修管理性标准、修理工艺与规范性标准、维护工艺与规范性标准、检测方法规范性标准、维修设备产品性标准、检测设备产品性标准七大类。这些标准涵盖了汽车维修的各个分支领域，初步形成了汽车维修标准的框架体系。

（2）维修车型的维修技术资料及工艺文件

为了促进汽车维修企业向专业化方向发展，可对整车维修企业按维修小型车、大中型客车、大型货车进行细分。汽车维修企业必须具有所维修车型的维修技术资料及工艺文件。我国汽车工业发展较快，车型日新月异，汽车维修企业应确保及时更新修理资料，并保持完整。

（3）车辆维修技术档案

汽车维修企业应建立汽车维修质量承诺、进出厂登记、检验、竣工出厂合格管理、技术档案管理、标准和计量管理、设备管理及维护、人员技术培训等制度；应建立汽车维修档案和进出厂登记台账。

汽车维修档案应包括维修合同、进厂检验记录、竣工检验记录、出厂合格证副页、维修结算清单、材料清单等。

机动车维修经营者应当使用规定的结算票据，并向托修方交付维修结算清单，作为托修方追责依据。维修结算清单中，工时费与材料费应当分项计算。维修结算清单应当符合交通运输部有关标准要求，维修结算清单内容应包括托修方信息、承修方信息、维修费用明细单等。

（4）配件管理制度

汽车维修企业应建立完善的配件管理制度，包括配件采购、检查验收、库房管理、信息追溯、配件登记、索赔等。配件应该确保质量合格，并可查询配件的生产日期、质量保证期、制造商、供应商等信息，有条件的还应提供产品批次。所提供零部件应从生产、供应到安装确保全流程信息透明。

4. 安全生产

（1）安全管理制度

汽车维修企业应具有与其维修作业内容相适应的安全管理制度，建立并实施安全生产责任制。安全管理制度应包括安全生产和消防两大方面，在具体制度建立中要包含停车场、维修车间、库房、重要工位等，并应注重发生事故处理预案的制定。安全生产事故应急预案应制定相应的演练计划和演练方案，且满足当地法律法规等政策文件要求，有明确的负责人、执行人。

为适应突发事故应急救援的需求，汽车维修企业应定期开展应急演练，其目的是查找应急预案中存在的问题，进而完善应急预案，提高应急预案的可用性和可操作性；检查应对突发事件所需应急队伍、物资、装备、技术等方面的准备情况，发现不足及时予以调整和补充，做好应急准备工作；增强演练组织单位、参与单位和人员对应急预案的熟悉程序，提高应急处理能力；进一步明确相关单位和人员的职责，完善应急机制；普及应急知识，提高职工风险防范意识和应对突发事故时自救、互救的能力。

（2）安全防护措施

1）汽车维修企业应具有与其维修作业内容相适应的安全保护措施。安全保护措施是执行安全管理制度的有效保障，安全保护设施、消防设施等应符合有关规定，只有措施到位，各种管理制度才能得到有效落实。

2）使用有毒物品、易燃易爆品、腐蚀剂、压力容器等时均应具备相应的安全防护措施和设施。安全防护设施应有明显的警示、禁令标志。上述物品存在较大的危险性，一旦发生不测，将造成巨大的危害，因此汽车维修企业应重点管理。

3）生产厂房和停车场应符合安全、环保和消防等各项要求，安全、消防设施的设置地点应明示管理要求和操作规程，这是企业安全生产最基本的要求。

（3）安全操作规程

1）汽车维修企业应有各工种、各类机电设备的安全操作规程。安全操作规程是依据各工种、各类机电设备特点制定的正确的操作方法。用安全操作规程来约束操作者的行为，使其操作规范化，可减少操作者的随意性，避免发生各种安全事故。

各种机电设备、特种设备、专用工具仪器的安全操作规程要有详细的操作注意事项和维保要求，并确保每日由专人进行维护和检查，要有检查标准可供执行，保证设备安全生产，并建立工具设备保养管理制度。

2）安全操作规程应明示在相应的工位或设备处。这是宣传贯彻安全操作规程的有效方法，不但能指导操作者的行为，还能时刻提醒操作者，增强安全意识。

3）所有员工上岗前都应进行机电设备安全操作培训并通过考核。对于特殊设备，要明示相关的警示标识。特殊的设备必须经过专业培训、考核、认证通过后由专业人员操作。对于高电压用电设备，应确保使用时现场始终有不少于两人操作，防止意外发生。

5. 设施条件

（1）接待室（含客户休息室）

为了更好地适应汽车行业的发展，改善行业形象，提高服务质量，汽车维修企业应设置接待室。接待室应整洁、明亮，明示各类证明、主修车型、作业项目、工时定额及单价等，并应有供客户休息的设施。

（2）停车场

汽车维修企业应有与承修车型、经营规模相适应的合法停车场地。停车场地面应平整、坚实，区域界定标志明显，并能保证车辆行驶通畅。一类汽车维修企业的停车场面积应不小于 200 m^2，二类汽车维修企业的停车场面积应不小于 150 m^2，且不得占用公共用地。租赁的停车场地应具有合法的书面合同书。

（3）生产厂房

生产厂房地面应平整、坚实，面积应能满足维修设备的工位布置、生产工艺和正常作业，并与其经营业务相适应。一类汽车维修企业的生产厂房面积应不小于 800 m^2，二类汽车维修企业的生产厂房面积应不小于 200 m^2。生产厂房内应设有总成维修车间，一类汽车维修企业总成维修车间面积应不小于 30 m^2，二类汽车维修企业总成维修车间面积应不小于 20 m^2，并设置总成维修所需的工作台、拆装工具、计量器具等。生产厂房内应设有预检工位，预检工位应有相应的故障诊断设备、检测设备。租赁的生产厂房应具有合法的书面合同书。

6. 设备条件

汽车维修企业应根据承修车型（小型车、大中型客车、大型货车）配备设备，除应具有主要的通用设备、专用设备和检测设备外，还应具备针对汽车新装置的故障诊断、检测和维修设备。对于使用率极低但却有一定市场需要的机械加工等设备，允许外协，以便实现汽车维修的专业化、规模化，在减轻企业负担的同时，也更适应市场经济的发展要求。

（1）汽车维修企业配备的仪表工具、专用设备、检测设备和通用设备的规格和数量应与其生产规模和生产工艺相适应。

（2）汽车维修企业的各种设备应能满足加工、检测精度和使用要求，并符合相关国家标准和行业标准。

（3）汽车举升机、喷烤漆房及设备等涉及安全的产品应通过交通产品认证。

（4）允许外协的设备应具有合法的合同书，并能证明其技术状况符合要求。

二、汽车维修企业的经营备案

1. 从事机动车维修经营业务的，应当在依法向市场监督管理机构办理有关登记手续后，向所在地县级道路运输管理机构进行备案。

2. 机动车维修经营企业依据维修车型种类、服务能力和经营项目实行分类备案。

3. 从事机动车维修连锁经营服务的，其机动车维修连锁经营企业总部应先完成备案。机动车维修连锁经营服务网点可由机动车维修连锁经营企业总部向连锁经营服务网点所在地县级道路运输管理机构进行备案，提交机动车维修经营备案表（图 2–10），并附送连锁

<table>
<tr><td colspan="3">经营者名称</td><td colspan="4">（与营业执照名称一致）</td></tr>
<tr><td colspan="3">经营地址</td><td colspan="4">××省(区、市)××市(州)××县(市、区)××街(镇、乡)××号</td></tr>
<tr><td colspan="3">企业法定代表人
（个体不填写此项）</td><td colspan="2"></td><td>统一社会信用代码</td><td></td></tr>
<tr><td colspan="3" rowspan="2">主要负责人
（个体填写经营者，企业填写法人任命的负责人）</td><td>姓名</td><td></td><td>身份证号</td><td></td></tr>
<tr><td>联系电话</td><td></td><td>电子邮箱/传真</td><td></td></tr>
<tr><td>企业性质</td><td colspan="6">□国有　□集体　□私营　□ 外资 （国别　　　）</td></tr>
<tr><td>经营类型</td><td colspan="5">□综合修理　　□机动车生产、进口企业授权维修　　□其他（　　　）</td><td>□连锁经营</td></tr>
<tr><td rowspan="6">经营范围</td><td>业务类型</td><td colspan="2">□汽车维修</td><td colspan="2">□摩托车维修</td><td>□其他机动车维修</td></tr>
<tr><td>业户类别</td><td colspan="2">□一类 □二类 □三类</td><td colspan="2">□一类　□二类</td><td>□一类 □二类 □三类</td></tr>
<tr><td rowspan="4">项目种类</td><td>一类</td><td colspan="5">□大中型客车维修 □大型货车维修 □小型车维修 □危险货物运输车辆维修 （可多选）</td></tr>
<tr><td>二类</td><td colspan="5">□大中型客车维修 □大型货车维修 □小型车维修 （可多选）</td></tr>
<tr><td rowspan="2">三类</td><td colspan="5">□综合小修 □发动机维修 □车身维修 □电气系统维修 □自动变速器维修 □轮胎动平衡及修补 □四轮定位检测调整 □汽车润滑与养护 □喷油泵和喷油器维修 □曲轴修磨 □气缸镗磨 □散热器维修 □空调维修 □汽车美容装潢 □汽车玻璃安装及修复 （可多选）</td></tr>
<tr></tr>
<tr><td rowspan="2">其他备案材料</td><td>通用要求</td><td colspan="5">□ 1.维修经营者的营业执照复印件
□ 2.经营场地、停车场面积、土地使用权及产权证明等相关材料
□ 3.技术人员汇总表，以及各相关人员的学历、技术职称或职业资格证明等相关材料
□ 4.维修设备设施汇总表，维修检测设备及计量设备检定合格证明等相关材料
□ 5.维修管理制度等相关材料
□ 6.环境保护措施等相关材料</td></tr>
<tr><td>特殊要求</td><td colspan="5">□ 7.与其作业内容相适应的专用维修车间和设备、设施等相关材料（危险货物运输车辆维修经营者填写）
□ 8.突发事件应急预案（危险货物运输车辆维修经营者填写）
□ 9.安全管理人员汇总表（危险货物运输车辆维修经营者填写）
□ 10.安全操作规程材料（危险货物运输车辆维修经营者填写）
□ 11.连锁经营协议书副本（连锁维修经营者填写）
□ 12.连锁经营的作业标准和管理手册（连锁维修经营者填写）
□ 13.连锁经营服务网点符合机动车维修经营相应条件承诺书（连锁维修经营者填写）</td></tr>
<tr><td colspan="7">本经营者声明：
1.已知晓《道路运输条例》、《机动车维修管理规定》、《汽车维修业开业条件》（GB/T 16739—2014）、《摩托车维修业开业条件》（GB/T 18189—2008）等国家机动车维修有关法律法规及标准，知晓机动车维修开业条件要求和备案要求。
2.所提供的备案材料信息内容真实、准确，不存在虚假记载、误导性陈述或者重大遗漏，所有文件的签名、印章真实有效。如有不实之处，愿承担相应的法律责任。
法定代表人或主要负责人（签字）：　　单位（盖章）：　　年　月　日</td></tr>
<tr><td colspan="4">□ 备案材料齐全；
□ 备案材料不齐全，请补充：____
承办人（签字）：　　年　月　日</td><td colspan="3">复核（签字）：
备案编号：
备案机关（盖章）：　　年　月　日</td></tr>
</table>

填写说明：

（1）请根据《机动车维修管理规定》有关要求填写此表；

（2）其他备案材料：维修经营者备案应依法提交第 1 至 6 项材料，危险货物运输车辆维修经营者还需提交第 7 至 10 项材料，维修连锁经营服务者还需提交第 11 至 13 项材料；

（3）承办人是指备案机关受理备案并对备案材料依法进行审查的工作人员，复核是指备案机关对备案材料进行复核并备案编号的工作人员；

（4）办理备案变更的，仅需填写变更事项，并与原备案表一并存档。

图 2–10　机动车维修经营备案表

经营协议书副本、连锁经营的作业标准和管理手册、连锁经营服务网点符合机动车维修经营相应条件的承诺书等材料，并对材料的真实性承担相应的法律责任。连锁经营服务网点的备案经营项目应当在机动车维修连锁经营企业总部备案经营项目范围内。

4. 从事机动车维修经营的，应当向所在地县级道路运输管理机构进行备案，提交机动车维修经营备案表，并附送符合开业条件规定的营业执照复印件、经营场地使用权或产权证明、技术人员的职业资格证明等相关材料，并保证材料真实、完整。

三、汽车维修企业的监督检查和变更

1. 汽车维修企业的监督检查

道路运输管理机构会依法履行对机动车维修经营者的监管职责，对机动车维修经营者是否依法备案或者备案事项是否属实进行监督检查。道路运输管理机构的执法人员在机动车维修经营场所实施监督检查时，应当有 2 名以上执法人员参加，并向当事人出示交通运输部监制的交通行政执法证件。道路运输管理机构实施监督检查时，可询问当事人并要求其提供有关资料；查询、复制与违法行为有关的维修台账、票据、凭证、文件及其他资料，核对与违法行为有关的技术资料；在违法行为发现场所进行摄影、摄像取证；检查与违法行为有关的维修设备等。检查的情况和处理结果应当记录，并按照规定归档，当事人有权查阅监督检查记录。道路运输管理机构应对机动车维修经营者实行质量信誉考核制度，机动车维修质量信誉考核内容应当包括经营者基本情况、经营业绩（含奖励情况）、不良记录等。

道路运输管理机构采集机动车维修企业信用信息，并建立机动车维修企业信用档案，除涉及国家秘密、商业秘密外，应当依法公开，供公众查阅。机动车维修质量信誉考核结果、汽车维修电子健康档案系统、维修电子数据记录上传情况及车主评价、投诉和处理情况是机动车维修企业信用档案的重要组成部分。

2. 汽车维修企业的变更

（1）汽车维修企业或维修业户异动变更

1）名称的变动。企业合并、分立、联营或隶属关系改变，需改变名称，应由经营者提交上级主管部门批文或有关联营协议等相关文件；住所或营业场所变动，需改变名称，应由经营者说明原因并提交相关文件；扩大或缩小经营范围，需改变名称，应由经营者提交经营情况和申请计划等。

2）经营权的变动。转让或出售汽车维修企业经营权，出让方应按歇业程序办理，受让方应持转让证明，根据具体情况，分别按“名称变更”和“经营范围变更”等程序办理；向非经营者转让或出售汽车维修企业经营权，出让方应按歇业、停业程序办理手续，受让方应按开业程序办理手续。

3）财产纠纷抵押的经营权变动。应由租赁或承包者持租赁或承包、抵押协议书到企业所在地的道路运政管理机构备案。道路运政管理机构对于经营者的变动应认真审查，并重新核定其经营范围、经济性质，确定税费缴纳方式和管理办法。

（2）经营范围的变更

汽车维修企业或维修业户因故变更其经营范围，应由原批准机构受理。汽车维修企业经营范围的变更主要用于同类变更，若属于扩大经营范围的变更，应按企业开业程序办理；若属于缩小经营范围的变更，应由企业经营者填报变更表，经审核同意后换发经营证件，必要时还应向社会通告。机动车维修经营者需要终止经营的，应当在终止经营前 30 日告知原备案机构。

四、汽车维修企业应承担的法律责任

从事机动车维修经营活动的单位或个人，应当自觉接受道路运输管理机构及其工作人员的检查，如实反映情况，并提供有关资料，若存在违法情况应承担相应法律责任。

1. 从事机动车维修经营业务，未按规定进行备案的，由县级以上道路运输管理机构责令改正；拒不改正的，处 5 000 元以上 2 万元以下的罚款。

2. 从事机动车维修经营业务不符合国务院交通运输主管部门制定的机动车维修经营业务标准的，由县级以上道路运输管理机构责令改正；情节严重的，由县级以上道路运输管理机构责令停业整顿。

3. 机动车维修经营者使用假冒伪劣配件维修机动车，承修已报废的机动车或者擅自改装机动车的，由县级以上道路运输管理机构责令改正；有违法所得的，没收违法所得，处违法所得 2 倍以上 10 倍以下的罚款；没有违法所得或者违法所得不足 1 万元的，处 2 万元以上 5 万元以下的罚款，没收假冒伪劣配件及报废车辆；情节严重的，由县级以上道路运输管理机构责令停业整顿；构成犯罪的，依法追究刑事责任。

4. 机动车维修经营者签发虚假机动车维修竣工出厂合格证的，由县级以上道路运输管理机构责令改正；有违法所得的，没收违法所得，处违法所得 2 倍以上 10 倍以下的罚款；没有违法所得或者违法所得不足 3 000 元的，处 5 000 元以上 2 万元以下的罚款；情节严重的，由县级以上道路运输管理机构责令停业整顿；构成犯罪的，依法追究刑事责任。

5. 有下列行为之一的，由县级以上道路运输管理机构责令其限期整改；限期整改不合格的，予以通报。

（1）机动车维修经营者未按照规定执行机动车维修质量保证期制度。

（2）机动车维修经营者未按照有关技术规范进行维修作业。

（3）伪造、转借、倒卖机动车维修竣工出厂合格证。

（4）机动车维修经营者只收费不维修或者虚列维修作业项目。

（5）机动车维修经营者未在经营场所醒目位置悬挂机动车维修标志牌。

（6）机动车维修经营者未在经营场所公布收费项目、工时定额和工时单价。

（7）机动车维修经营者超出公布的结算工时定额、结算工时单价向托修方收费。

（8）机动车维修经营者未按规定建立机动车维修档案并实行档案电子化管理，或者未及时上传维修电子数据记录至国家有关汽车维修电子健康档案系统的。

【案例分析】

小张在从事汽车维修经营时，未向所在地县级道路运输管理机构进行备案。按规定"由县级以上道路运输管理机构责令改正；拒不改正的，处 5 000 元以上 2 万元以下的罚款"。

小张同时违法使用假冒伪劣配件维修机动车，按规定"承修已报废的机动车或者擅自改装机动车的，由县级以上道路运输管理机构责令改正；有违法所得的，没收违法所得，处违法所得 2 倍以上 10 倍以下的罚款；没有违法所得或者违法所得不足 1 万元的，处 2 万元以上 5 万元以下的罚款，没收假冒伪劣配件及报废车辆；情节严重的，由县级以上道路运输管理机构责令停业整顿；构成犯罪的，依法追究刑事责任"。

合法、诚信经营是每个汽车维修企业都必须遵守并严格执行的基本要求，不了解汽车维修企业开业要求以及经营要求，仅依靠自身认知去经营汽车维修企业是不可取的。

【评价与讨论】

一、自评与互评

结合本节学习目标，对知识掌握情况进行自评与互评，见表 2–4。

表 2–4　　自评与互评

评价内容	自评	互评
能否准确叙述汽车维修企业的开业条件（25 分）		
能否准确叙述汽车维修企业经营备案的要求（25 分）		
能否准确叙述汽车维修企业监督检查与变更（25 分）		
能否了解汽车维修企业应承担的法律责任（25 分）		
总评（学生自评 40%+ 小组互评 60%）		

二、小组讨论

1. 参考汽车维修企业的开业条件，尝试说明案例中张先生的错误。

2. 汽车维修人员使用假冒伪劣配件，导致责任事故发生的，需要承担怎样的法律责任?

3. 作为汽车维修经营管理者需要知晓并了解相关的法律法规，举例说明你了解到的相关法律法规。

第五节　企业文化

学习目标

1. 理解企业文化的基本概念。
2. 理解企业文化的特征。
3. 掌握企业文化的作用。

【案例导入】

全球著名汽车生产厂家丰田公司最早是一家纺织机械厂，它的创始人丰田佐吉心中有一个坚定的信念而且以此为自己的使命，那就是不再让他的妈妈、奶奶这些家庭妇女辛苦地织布，而是可以高效、快乐地工作。为此，他不断改良纺织机械，他一生都是一位实干家，而不是一位管理者，这种文化无疑传递给了丰田的几代领导人，他们把这种精神上升为一个词叫“现地现物”，即人的一生要能够不断地解决实际碰到的问题，这样不仅可以推动其思考从而生产更好的产品，同时也为其他人创造一种有价值的环境。

有人认为丰田成功的关键在于企业有鲜明的个性，“尊重人性”“智慧与改善”是丰田的两大支柱和文化支撑，“尊重人性”这个支柱之下是尊重和团队协作这两个关键词，“智慧与改善”下是挑战、改善、现地现物，这一基本思想被写入丰田的纲领性文件——“丰田方式 2001”。文件中“尊重人性”被诠释为“我们尊重别人，不遗余力地相互理解，承担责任并努力建立相互之间的信任”；“团队协作”诠释为“我们激励个人和业务的发展，共享发展的机会，实现个人和团队成绩的最大化”；“现地现物”诠释为“比起讲道理，更注重的是去现场行动，也就是实际执行”。

【知识准备】

一、企业文化的概念

企业文化是指企业在社会主义市场经济的实践中，逐步形成的为全体员工所认同、遵守、带有本企业特色的价值观念。广义上说，企业文化是指精神文化、制度文化、行为文化和物质文化四个层次的总和；狭义上说，企业文化是指以企业价值观为标志的一种企业意识形态。

如图 2–11 所示为长城汽车的车标，既是长城汽车企业文化的一种表现形式，也是长城汽车人终生追求的目标。

椭圆外形——立足中国，走向世界。

烽火台形象——中国传统文化象征。

剑锋箭头——充满活力，蒸蒸日上，敢于亮剑，无坚不摧。

立体“1”——快速反应，永争第一。

图 2–11　长城汽车的车标

企业文化是指企业中形成的文化观念、历史传统、共同价值观念、道德规范、行为准则等企业的意识形态，企业领导者把文化改变人的功能应用于企业，以“文”化“人”，来解决现代企业管理中的问题，就有了企业文化。企业管理理论和企业文化管理理论都是为了追求效益。但前者追求效益是把人当作客体，后者追求效益是把文化概念自觉应用于企业，把具有丰富创造性的人作为管理理论的中心。这种指导思想反映到企业管理中去，就有了企业文化的观念。

二、企业文化的特征

1. 企业文化的隐形性

企业文化是一种意识形态，属于上层建筑范畴，它隐匿地存在于广大员工的心灵之中，并在员工的潜意识中形成共识，在员工的心灵上打上深深的烙印。企业文化融入员工的心灵要经历一个长期的、潜移默化的过程，它与企业共存亡。企业在发展中创造了独特的企业文化，而企业文化反过来又促进了企业的发展。企业文化一旦定型，将长期发挥作用。

2. 企业文化具有独特的个性化

企业文化不是一朝一夕形成的，它是企业独特的个性文化长期积淀形成的一种经营理念和行为准则，要得到全体员工的认同绝非易事。

3. 企业文化内在的继承性

企业文化是在一定的环境中发展而形成的，它是企业根据自身条件创建和实践的结果，它可以发端于少数人的倡导和示范，但必然是企业长期坚持宣传、不断实践和不断规范的结果。企业文化需要通过吸收集体的智慧，在不断补充、不断修正、不断自我完善中逐步形成。

4. 企业文化不具有模仿性

企业文化是一个企业所信奉的主要价值观，这种价值观只能为某一个企业所独创。企业文化的创建可以汲取古今中外优秀企业的文化营养，从中领会真谛，取其精华，去其糟粕，从而培育自己的企业文化。但企业文化是不能模仿和照搬的，企业文化不是企业资源的硬件，它是企业的软件部分，这种软件只能自己去开发，它是企业在多种文化氛围中塑造与甄别、吸取与扬弃中发展起来的。

三、企业文化的作用

企业文化对企业能力的形成、作用、保持和促进起着根本性的作用。企业文化决定着企业在市场活动中的态度，决定着企业产品属性的价值取向，决定着企业自身组织规范和行为准则，决定着企业员工的敬业态度和奉献精神，决定着企业的创新精神和团队精神等。这都是企业能力的前提条件和后续保证。

1. 市场作用

市场受某些特定文化的影响与支配，如果企业文化与市场不相融，甚至是冲突的，必然会使企业处于困难和危险的境地。例如，当一个企业服务定位于“领先使用者”的细分市场时，而这个市场的需求特征是“时尚”，那么其企业文化的内涵就应该体现出“变化”“新奇”“差异”“个性”等。只有在这样的企业文化作用下，该企业才能在市场竞争中占有一席之地。从某种意义上说，市场竞争从根本上是文化的竞争，只有企业文化与所处市场主体文化相适应，才能取得主动，如果企业文化与市场主体文化不相适应，则要对该文化进行调整。

2. 组织作用

有效的企业组织，总是将市场特征和产品特征认识和运用自如；而运作无效或失败的企业组织，要么对市场认识不清，要么对产品认识不清，要么不能把握其特点予以协调运用。市场是开放的客观存在，它一般不以某个具体的局部存在而不同，真正独家的产品也不多，更多的是一些类似的乃至相同的产品在同一个市场里竞争，结果却完全不同，有的大获成功，有的则一败涂地。导致不同的客观结果是企业文化的差异。不同的价值观，不同的行为准则，不同的目标导向，不同的控制，不同的态度，不同的性格，不同的工作氛围在相同的条件出现时，必然会产生虽然微小却很关键的不同反应，从而产生完全不同的效果。文化对于企业的组织作用是广泛而深刻的，它既对组织能力的形成（资源配置）起关键性的作用，也对组织能力的发挥（资源运用）起关键性的作用，同时对组织面对环境变化和刺激的反应起着关键性的作用。

3. 团队作用

企业文化强调以人为本，十分尊重人的感情，久而久之，在企业中营造了一种团结友爱、相互信任、和睦相处的气氛，形成了一种无坚不摧的团体意识。一个组织、一个企业没有这种团队意识，终究无法生存。企业文化使企业管理者和全体员工之间形成一种强大的凝聚力和向心力，大家想企业的前途之所想，急企业的命运之所急，共同的价值观造就了共同的目标和理想，从而整个企业上下步调一致，形成一个统一的整体。这种团队互相勉励，互相配合，取长补短，就能在市场竞争中应对自如，无往不胜。但因为种种原因，企业的领导及管理者之间、企业内部各部门之间、企业的管理层与员工之间、员工与员工之间难免会产生一些矛盾，而解决矛盾的最好办法就是借助于企业文化进行自我调节、自我化解、自我消融。企业与社会、企业与客户、企业与外界企业、企业与国家之间有时也会存在某种不协调、不适应，最好的解决办法也是利用企业文化进行调整。

4. 约束作用

一个好的企业，必定有一套完整的、规范的且行之有效的管理制度。企业的管理制度是企业文化的内容之一，它是在企业创建与发展的实践中逐步完善的，它凝聚了企业管理者及其员工共同的心血。反过来，这种企业文化又是企业内令行禁止的总规章。企业制度一旦形成，企业的领导者和企业员工必须严格遵守和执行，而企业的领导者又必须身体力行。如有违反者，要按照企业制度进行处罚；如有模范执行者，应按照企业制度予以表彰；如有为企业做出重大贡献者，应按照企业制度给予重奖。由此可见，企业制度是企业内部的法规，对企业的领导者及全体员工具有约束力。企业的道德规范是企业文化中的一种意识形态，它属于企业哲学的范畴，是企业文化中的上层建筑，它是以哲学的道德伦理关系来约束企业领导者和员工的行为的。如果企业的领导者、管理者及其员工超越了一定的道德底线，造成了严重的事故，引发成重大的社会问题，这种道德的谴责就会上升到纪律甚至法律的高度。

5. 激励作用

企业文化的作用还在于它所固有的共同价值观使企业的每个员工都能感受到自己在该企业中的存在及其行为的价值，这种自我价值的实现是人的一种满足，这种满足必将形成强大的激励，从而使他们的精神境界得到进一步升华。在以人为本的企业文化氛围中，企业领导者、管理者对员工的关心使员工感到受人尊重，从而获得一种精神上的满足，进一步振奋精神，奋力拼搏；企业领导者、管理者对员工充满爱意的批评，使员工能够克服自身的不良习气，争做一名优秀的员工；企业领导者、管理者对员工的表扬与奖励能使其他员工学有榜样。

优秀的企业文化在企业的创建、生存与发展壮大中始终发挥着十分重大的作用，而企业在创建及发展壮大中又形成和完善了企业文化。企业管理者在抓生产经营的同时，致力于创造出属于本企业的企业文化，并在这种独特的企业文化的推动下走向世界。

【案例分析】

每个企业都有其特定的文化，企业文化的灵魂就是企业精神，它体现了一个企业的追求和企业员工的精神风貌。丰田企业精神的最高表现就是丰田纲领——“丰田方式2001”。丰田公司一直是在该纲领的指导下从事企业活动，其精神已牢固树立在每个丰田人的心中。丰田公司企业文化的激励作用使每个员工都能感受到自己在企业中的存在及其行为的价值，这种自我价值的实现是人的一种满足，这种满足必将形成强大的激励，从而使他们的精神境界得到进一步升华。在以人为本的企业文化氛围中，企业领导者、管理者对员工的关心使员工会感到受人尊重，从而获得一种精神上的满足，进一步振奋精神，奋力拼搏。

【评价与讨论】

一、自评与互评

结合本节学习目标，对知识掌握情况进行自评与互评，见表2–5。

表2–5　自评与互评

评价内容	自评	互评
能否理解企业文化的基本概念（20分）		
能否理解企业文化的特征（60分）		
能否准确叙述企业文化的作用（20分）		
总评（学生自评40%+小组互评60%）		

二、小组讨论

1. 结合自身理解，尝试分析案例中丰田公司企业文化的继承性。

2. 尝试利用企业文化的市场作用分析丰田公司企业文化的定位。

3. 如果你是一家汽车维修企业的管理者，如何利用企业文化的激励作用带领整个团队?

第三章 汽车维修企业生产安全与环境管理

第一节 汽车维修企业生产管理概述

学习目标

1. 掌握汽车维修企业生产管理的内容、要求和原则。
2. 掌握汽车维修企业生产管理模式的类别及其特点。
3. 掌握汽车维修企业 7S 管理。

【案例导入】

张先生的轿车出现加速时发动机抖动故障，于是到附近一家维修站修理，刚进门就看见业务接待桌前围了很多人，等待半天才开好派工单。张先生将车开到维修车间，车间内停满了待维修的车辆，维修工位上堆积了很多配件、工具、旧件等，地面到处是油污，正在进行维修作业的车辆也未做好车辆保护。维修人员告诉他今天他来的时间不合适，需要等待较长时间并且修好的时间也不能确定。张先生见状，直接开车去往另一家维修站，相比第一家维修站，这家维修站接待区、维修区等区域标识清晰，员工统一穿着工作服，环境干净、整洁，维修车间内物品摆放整齐，维修人员操作规范，会做好车辆保护和人员安全防护。

假如你是张先生，你会在第一家维修站等待维修吗？如何才能创建一个环境整洁、管理有序的汽车维修企业呢？

【知识准备】

一、汽车维修企业生产管理的内容、要求和原则

汽车维修企业生产管理是指对汽车维修企业生产活动的计划、组织和控制所进行的管理，包括生产的基础管理、生产过程的核心流程管理、生产资料管理、生产安全以及劳动管理等，如图 3–1 所示。

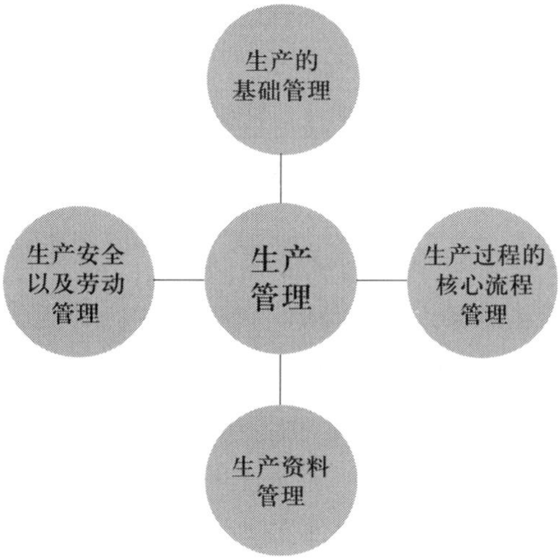

图 3–1　汽车维修企业生产管理的内容

汽车维修企业生产管理的基本要求是要保持生产过程的连续性、协调性和均衡性。在生产管理中应当遵循“以客户满意为导向，以维修质量为导向，以企业效益为导向”的原则。

二、汽车维修企业生产管理模式

汽车维修企业的生产管理模式有传统管理模式和团队式管理模式两种。

1. 传统管理模式

传统管理模式的汽车维修企业的部门设置、部门内部的岗位设置、人员岗位分工比较细致，各有其职责范围。具体来说，前台业务接待与维修车间为两个部门。前台业务接待部门负责与客户接触的一系列工作，即预约、接车检查、开任务委托书、向车间传递维修任务、结算交车、跟踪回访等工作。维修车间负责接受前台的维修任务委托书，向各维修班组下达维修任务，组织各班组进行维修作业、质量检查、路试，并向前台进行维修生产信息反馈。车间调度员负责与维修人员有关的生产管理工作，还负责前台业务接待与维修车间的任务传递。在维修生产中，维修进度、各维修工序的衔接由车间调度员统一协调、控制。质检员负责对维修车辆进行中间检验、竣工检验以及维修质量的

检查、监督、记录工作。试车员负责车辆的道路试验工作。如图 3–2 所示为传统管理模式下汽车维修企业的组织结构。

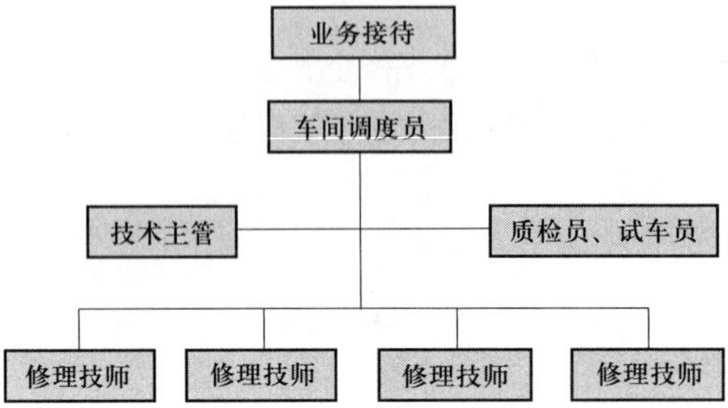

图 3–2　传统管理模式下汽车维修企业的组织结构

2. 团队式管理模式

团队式管理模式是指将维修人员分成几个班组，由一名业务接待带领一个班组，组成一个维修团队。每个维修团队就像一个组织严密的小型汽车维修企业，整个汽车维修企业的生产组织由这样若干个维修团队组成。在团队式管理模式中，取消了车间调度员，业务接待不仅负责与客户接触的一系列工作，还负责维修生产派工、维修进度控制、维修工序衔接等管理工作，是维修车间中各班组的核心。在维修生产中，维修进度、各维修工序的衔接由业务接待进行统一协调。如图 3–3 所示为团队式管理模式下汽车维修企业的组织结构。

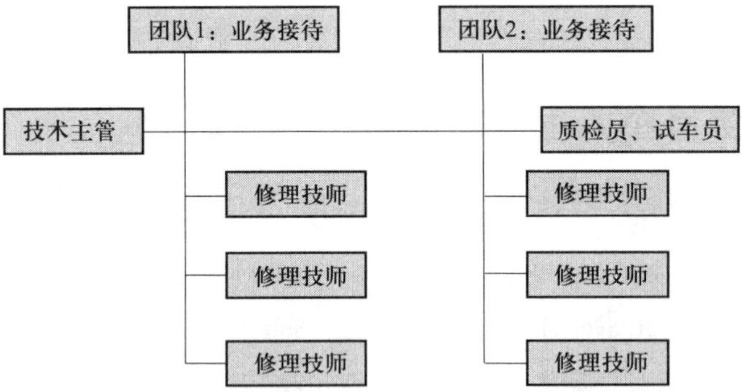

图 3–3　团队式管理模式下汽车维修企业的组织结构

三、汽车维修企业的 7S 管理

为了提升企业形象，创造良好的企业文化，保障生产安全，现代汽车维修企业车间应积极实行 7S 管理，即整理（SEIRI）、整顿（SEITION）、清扫（SEISO）、清洁（SEIKETSU）、素养（SHITSUKE）、安全（SAFETY）、节约（SAVING）。

1. 7S 管理的内容

（1）整理

整理即区分要与不要的东西，现场除了要用的东西以外，其他一切物品都不应放置。其目的是腾出空间，创造清爽的工作场所。

整理的原则：把永远不用和不能用的物品清理掉；把一个月以上不用的物品放到指定位置；把一周内要用的物品放到工位附近并摆放好；把三日内要用的物品放到容易取到的位置。

（2）整顿

整顿即把需要的东西按规定定位的方法摆放整齐，明确数量并做标示。其目的是使工作场所一目了然，缩短寻找物品的时间，保持工作环境整齐。

整顿的原则：对工作区、物品放置区、通道位置进行规划并做明显标示；物品放置应有合理规划；物品应分类、整齐摆放，并进行标示；通道应畅通，无物品占用；生产线工序号、设备、工模夹具等应进行标示；仪器设备、工模夹具、工作台面应摆放整齐。

（3）清扫

清扫即清除现场的脏污，并防止污染发生。其目的是消除脏污，保持现场清洁。

清扫的原则：地面、墙面、天花板、门窗应打扫干净，无灰尘和杂乱物；工作台面要清扫干净，无灰尘；仪器设备、工模夹具应清理干净；一些污染源、噪音设备等要进行阻隔。

（4）清洁

清洁即将上面 3S 实施的做法制度化、规范化，管理公开化、透明化，维持其成果。其目的是创造明朗的现场，通过制度化来维持成果。

清洁的原则：随时进行自我检查、互相检查、定期或不定期检查，及时纠正不符合要求的情况。

（5）素养

素养即培养文明礼貌习惯，按规定行事，养成良好的工作习惯。其目的是提升人的品质，培养有好习惯、遵守规则的员工，营造团队精神。

素养的实施要领：员工佩戴工作证，穿工作服，仪容仪表整洁大方；员工言谈举止文明有礼，对人热情大方；员工精神饱满；员工有团队精神，互相帮助。

（6）安全

安全即消除工作中的一切安全隐患，重视员工安全教育，防患于未然，杜绝一切危险现象。其目的是建立安全的生产环境，保障员工的人身安全，同时减少因安全事故带来的经济损失。

安全的实施原则：员工在工作中严格执行安全操作规程，严禁违章作业；清除隐患，排除险情，预防安全事故的发生。

（7）节约

节约即对时间、空间、能源等合理利用，以发挥它们的最大效能，从而创造一个高效率、物尽其用的工作场所。其目的是降低管理成本，提高经济效益。

节约的实施原则：物尽其用。

2. 7S 管理的意义

（1）改善和提升企业形象

整齐、清洁的工作环境能提升企业员工的工作幸福感，增强客户的满意度，从而吸引更多的客户。

（2）提升员工归属感

在干净、整洁的环境中工作，员工的成就感可以得到一定程度的满足。7S 管理的要求是不断改善，增强员工进行改善的意愿，使员工更愿意为 7S 工作现场付出爱心和耐心，进而培养“企业就是家”的感情。

（3）减少浪费，降低成本

习惯性地整理、整顿不需要专职保洁人员，减少了人力；对物品进行规划分区、分类摆放，减少了空间浪费，节约了寻找物品的时间，降低了生产成本。

（4）保证生产安全

7S 管理的实施使工作场所宽敞、明亮，各项安全措施落到实处，可以培养工作人员认真、负责的工作态度，减少安全事故的发生。

（5）提升工作效率

优雅的工作环境、良好的工作氛围以及有素养的工作伙伴都可以使员工心情舒畅，更有利于发挥员工的工作潜力，工作氛围融洽，员工工作起来更认真、得心应手。

（6）保障工作质量

员工一旦养成了做事认真、严谨的工作习惯，工作中会一丝不苟，返修率会大大降低，工作质量得到可靠保障。

【案例分析】

1. 未充分理解汽车维修企业生产管理的内容、要求和原则

在汽车维修企业生产管理中应当遵循“以客户满意为导向，以维修质量为导向，以企业效益为导向”的原则。案例中张先生前往的第一家维修站服务人员和车间维修人员都未站在客户的角度考量，主动服务、热情服务的意识不到位，导致张先生不愿在该店维修，造成客户流失。

2. 未充分理解 7S 管理的内容和意义

在汽车维修企业中实施 7S 管理，使员工养成良好的工作习惯，进行高效率、高标

准的服务，使客户得到满意的维修体验，从而可树立企业形象，提升企业的知名度，提高企业的经济效益。案例中的第一家维修站的情况间接反映出该企业未实施7S管理，必然导致工作环境不良，员工工作态度怠慢、消极，维修质量得不到保障等一系列问题。

【评价与讨论】

一、自评与互评

结合本节学习目标，对知识掌握情况进行自评与互评，见表3–1。

表3–1　自评与互评

评价内容	自评	互评
能否准确叙述汽车维修企业生产管理的内容、要求和原则（60分）		
能否准确叙述汽车维修企业生产管理模式的类别及其特点（20分）		
能否准确叙述汽车维修企业7S管理的内容和意义（20分）		
总评（学生自评40%+小组互评60%）		

二、小组讨论

1. 假如你是张先生，你会在第一家维修站等待维修吗？
2. 如何才能创建一个环境整洁、管理有序的汽车维修企业呢？

第二节　汽车维修企业的生产安全管理

学习目标

1. 了解汽车维修企业安全生产的重要性。
2. 了解汽车维修企业安全生产管理的要求。
3. 掌握汽车维修过程中的安全工作常识。
4. 了解汽车维修企业消防安全管理规定。

【案例导入】

小张驾驶公司的一辆半挂车在高速公路行驶过程中，因严重超载导致轮胎鼓包，因此他向当地高速公路交通警察求助。某汽车维修企业接到交警大队的指令后，派两名维修人员小梅、小沈前往事故地点进行抢修。二人在使用千斤顶拆卸汽车轮胎时，内胎发生爆破，造成小梅死亡。经有关部门鉴定，小张驾驶的半挂汽车由于长时间超载，胎压过高使轮胎的缺陷（鼓包）处发生爆裂，事故发生后，执法部门按照相关法律对此事做出判决，由小梅所在的汽车维修企业向小梅的家属给予足额赔偿。

小梅在车辆维修中付出了惨痛的代价，同时也给小沈留下了更多的思考和警示。在汽车维修生产中，需要注意哪些安全事项?

【知识准备】

一、汽车维修企业安全生产的重要性

安全生产是所有企业的一项重要工作内容，也是管理生产企业的重要原则之一。做好安全生产工作，对于保障劳动者在生产中的安全健康，搞好企业的经营管理，具有非常重要的意义。

安全生产是指在生产过程中保障人身安全和设备安全。人身安全是指消除危害人身安全健康的一切不利因素，保障职工的安全和健康。设备安全是指消除损坏设备、产品和其他财产的危险因素，保证生产正常进行。总之，要使生产过程在符合安全要求的物质条件和工作秩序下进行，以防止人身伤亡和设备事故及各种危险的发生，从而保障劳动者的安全健康，促进生产效率的提高。

二、汽车维修企业安全生产管理的要求

1. 坚持安全第一、预防为主的方针

建立健全企业的安全生产责任制，制定企业安全生产规章制度和操作规程，全体员工都要有高度的责任感和安全防范意识，积极参与安全生产管理。

2. 维修场地要求

维修场地是进行维修作业的场所或工作环境，包括机电维修车间、钣金车间、喷漆车间等。对维修车间的要求是：维修车间的平面布局应合理；维修车间的通风应良好，如条件具备应配备专用汽车尾气排放设备（图 3–4）；维修车间（图 3–5）应保证采光；维修车间应有合理的供水、排水系统；维修车间的消防设施应齐全、良好。

图 3-4　汽车尾气排放设备

图 3-5　维修车间

3. 维修人员素质要求

企业维修人员的素质及安全意识对安全生产有很大影响，如果维修人员精神状态差，缺乏安全生产知识，安全意识不强，劳动纪律松弛，规章制度执行不严，则很容易造成安全生产事故。

对维修人员的素质要求：汽车维修企业的特种作业人员必须按照国家有关规定经专门的安全作业培训，取得特种作业操作资格证书，才能上岗；汽车维修企业应当为维修人员提供符合国家标准或者行业标准的劳动防护用品，并监督、教育维修人员按照使用规则佩戴、使用；维修人员应当严格遵守本单位的安全生产规章制度和操作规程；维修人员应当接受安全生产教育和培训，掌握本职工作所需的安全生产知识，提高安全生产技能，增强事故预防和应急处理能力。

4. 维修设备的技术状况及管理要求

维修设备的安全管理是汽车维修企业安全生产管理的重要内容。要保证机器设备正确安装，加强维修设备的使用管理；保证机器设备的技术状况，对严重污染环境、危害人身安全与健康的设备要及时更新或报废。

维修设备安全管理的要求如下：

（1）维修设备的设计、制造、安装、使用、检测、维修、改造和报废，应当符合国家标准或行业标准。

（2）汽车维修企业必须对设备进行经常性维护，并定期检测，保证其正常运转。

（3）维修企业使用的涉及人身生命安全、危险性较大的特种设备，以及危险物品的容器、运输工具应由专业生产单位生产，并由具有专业资质的检验机构检验合格，取得安全使用证明或安全标志，方可投入使用。

（4）选购设备时应优先考虑是否配置自动控制安全保护装置，如自动断电、自动停车、自动锁止机构、自动报警等，以提高设备预防事故的能力。

（5）维修车间的设备应布置有序，各设备使用时不得有干涉现象。例如，在配电盘下方，绝不允许堆放杂物，尤其是易燃易爆杂物；各设备的总用电量应小于维修车间设计用电容量等。

三、汽车维修过程中的安全工作常识

1. 对车辆进行妥善安置和保管，注意机动车驾驶安全，保证有证驾驶，试车人员应按规定对车辆进行路试。

2. 注意火灾隐患，防止发生火灾。制定严格的工作场所禁烟制度和运用明火审批制度，建立各种易燃易爆物品仓储和使用管理办法。

3. 注意安全用电。制定安全用电规定，定期对各种电源插座、电缆线、电源转换器和其他用电器具的接地情况进行检查测试，凡有破损、漏电和绝缘材料老化等情况，应坚决更换。使用手把式电动工具的维修人员，要穿绝缘胶鞋进行作业。电气设备的导线破损必须立即修复或更换。

4. 防止发生因员工疏忽导致的身体伤害。加强对操作人员的技能训练，不断提高作业者的自我安全防范意识和操作熟练程度，防止发生滑跌、坠落和挤压等引起的工伤事故。

5. 防止化学品的伤害。汽车维修人员接触到的化工材料很多，其中不乏有毒或有严重腐蚀性的化学材料，因此要明确安全操作规程，做好安全防护工作。发放必要的防护用品，对有毒有害及易燃易爆物品都要设立专门仓库，车间要设置良好的通风系统，维修人员在接触化工材料时，应使用相应的抽吸用具，严禁采用口吸、手摸和嘴尝等人体直接接触的方式作业。

6. 定期进行安全生产教育和检查。认真贯彻执行“安全第一、预防为主”的方针及国家有关安全生产的法律法规，严格落实企业安全生产规章制度和操作规程，设置安全生产管理领导机构，生产部门和班组配备专（兼）职安全生产管理人员，定期进行安全生产教育和安全知识培训，并定期检查安全生产制度的落实情况。

四、汽车维修企业消防安全管理

为了预防火灾和减少火灾危害，保护企业人员的人身和公共财产安全，保证企业的正常生产秩序，应设置消防安全管理规定，通常包括以下几点：

1. 新职工需进行消防安全基本常识、灭火器及消防栓使用方法等消防安全职前培训。

2. 每季度对全体职工进行疏散演习，对义务消防队员进行灭火演习，使每位队员都能熟练使用灭火器材。

3. 在电焊、气焊等具有火灾危险区域作业的人员，必须经过消防培训，持证上岗。

4. 每日进行防火检查。
5. 所有疏散出口、楼梯、通道必须配置相应的照明和疏散标志。
6. 消防设施、消防器材应定点存放，有专人定期保养、检查。
7. 维修车间要配备足够的灭火器材，定期保养、检查。
8. 电气设备和线路应定期检修，发现问题及时报告、处理。

【案例分析】

更换车辆受损轮胎时，要先对受损轮胎放气减压，才能拆卸轮胎并进行更换。作为专业汽车维修员工，小梅在明知轮胎损伤的情况下，未先行对轮胎放气减压，就拧松轮胎固定螺母进行拆卸，当最后一颗轮胎固定螺母被拧松时，受轮胎内高压的影响，轮胎受损处不能承受其压力，于是发生轮胎爆炸。因此，小梅未先行对受损轮胎放气减压是发生轮胎爆炸的根本原因，违反安全操作程序。安全生产是所有汽车维修企业的一项重要工作内容，也是管理生产企业的重要原则之一。做好安全生产工作，对于保障劳动者在生产中的安全健康，搞好企业的经营管理，具有非常重要的意义，汽车维修企业应加强对员工的生产安全管理。

【评价与讨论】

一、自评与互评

结合本节学习目标，对知识掌握情况进行自评与互评，见表 3–2。

表 3–2　自评与互评

评价内容	自评	互评
能否理解汽车维修企业安全生产的重要性（20 分）		
能否理解汽车维修企业安全生产管理的要求（30 分）		
能否准确叙述汽车维修过程中的安全工作常识（30 分）		
能否理解汽车维修企业消防安全管理规定（20 分）		
总评（学生自评 40%+ 小组互评 60%）		

二、小组讨论

1. 在汽车维修生产中，需要注意哪些事项可减少安全事故的发生？
2. 结合本节课的内容，假设你作为一名汽车维修企业的管理人员，为了企业和员工的生产安全，可以做哪些方面的工作？

第三节　汽车维修企业环境安全管理与危害防范

学习目标

1. 了解汽车维修企业的环境保护措施与规定。
2. 掌握汽车危险废物的处置与管理。
3. 掌握新能源汽车动力电池的安全管理。
4. 掌握汽车维修企业的职业危害防范管理。

【案例导入】

某汽车贸易服务有限公司成立于 2019 年 11 月，选址于北京市北部某汽车城，从事汽车维修服务相关业务，属一类汽车整车维修企业。此维修企业现有厂房建筑面积 10 600 m^2，年修理汽车 15 000 辆，投资 4 300 万元，其中环保投资约 365 万元，占总投资的 8.5%，主要包括维修区、交车区、配件库、咨询室、办公室、卫生间等。经对各项环保指标评估后，符合开业条件。

汽车维修企业开业前需做好哪些环境保护措施?

【知识准备】

一、汽车维修企业环境安全管理

1. 环境保护措施

汽车维修企业作业环境以及按生产工艺配置的处理“四废”（废油、废液、废气、废水）、通风、吸尘、净化、消声等设施应符合环境保护的有关规定；有害物质存储区域应界定清楚，必要时应有隔离、控制措施；喷漆车间应设有专用的废水排放及处理设施，采用干打磨工艺的应有粉尘收集装置和除尘设备，并设有通风设备；调试车间或调试工位应设置汽车尾气收集、净化装置。

2. 环境保护规定

（1）车辆维修应在规定地点进行，每天应对作业场地进行清扫，保证场地整洁。

（2）拆卸零部件时，拆下的零件应放在指定位置，废油放入油桶中。拆修完毕后，应立即清扫场地。

（3）废旧料应分类放置在规定地点。废油倒入旧油回收桶内，其他废物放入指定地点，做好相应的废物台账，定期处理废旧料和废油。

（4）检修空调时，制冷剂不得随意排放到大气中，应使用冷媒回收装置回收利用。

（5）废气排放应达到国家标准规定的要求，不得降低标准。

（6）车辆喷漆应在烤漆房或喷漆车间进行，防止漆尘飞扬污染环境。

（7）砂轮机等噪声较大的设备，应经常检修，以减少噪声污染。

3. 汽车维修企业环保评估整改实施步骤

（1）填写调查统计表

环保部门发出调查统计表，调查统计表的内容主要有企业基本信息，排放系统，清洗用溶剂名称、用量及生产厂家，处理效率等。调查统计表填好后，交到相关环保部门。

（2）参加整改会议

参加相关环保部门召集的整改会议，与环保部门确定环保标准、整改时间、提交整改报告的截止时间等。

（3）整改与测试

向相关环保部门提交整改建议书，向环保部门指定的第三方测试公司了解测试流程和标准，并进行测试，形成报告。

（4）验收

将测试报告提交至环保部门，由环保部门进行回访，确认环评是否达标。

二、汽车危险废物处置与管理

危险废物是指根据国家规定的鉴别标准和鉴别方法认定的具有危险特性的废物。汽车维修行业产生的危险废物主要有有机溶剂、废防冻液、废发动机油、废制动器油、废变速器油等废润滑油，还包括废油漆或漆渣、废尾气净化催化剂等，废物类别、代码及名称见表 3–3。

表 3–3　　汽车维修企业产生的主要危险废物

废物类别	废物代码	废物名称
HW06	900–402–06	有机溶剂、废防冻液
HW08	900–214–08	废发动机油、废制动器油、废变速器油等废润滑油
HW12	900–252–12	废油漆、废油漆渣
HW29	900–023–29	废紫外灯管
HW31	900–052–31	废铅酸蓄电池

续表

废物类别	废物代码	废物名称
HW36	900-032-36	废石棉刹车片
HW49	900-041-49	废机油桶
	900-041-49	沾染废润滑油的棉纱、手套、抹布
	900-041-49	废油漆桶、废喷漆罐
	900-041-49	废过滤棉、废过滤毡、废活性炭
HW50	900-049-50	废尾气净化催化剂

1. 对危险废物储存场所的要求

（1）危险废物仓库要进行防风、防雨、防晒、防渗、防腐等措施，并设置防泄漏收集装置。

（2）危险废物仓库应设置围堰，防止仓库内液体流到仓库外，同时防止雨水倒灌进仓库。

（3）仓库内应设置气体导出口、气体净化装置、安全照明设施、观察窗等。

（4）危险废物储存场所应建在易燃易爆等危险品仓库、高压输电线路防护区域以外。

（5）危险废物储存场所地面需硬化处理，以防止渗透和腐蚀。

（6）存放液体、半固体危险废物容器的地方，必须有耐腐蚀的硬化地面，且表面无裂隙。

（7）不相容的危险废物必须分开存放，并设置隔断。

2. 对危险废物储存容器的要求

（1）盛装危险废物的容器必须完好无损。

（2）盛装危险废物的容器材质不能与危险废物发生化学反应。

（3）装载液体、半固体危险废物的容器内须留有足够空间，容器顶部与液体表面之间要保留 10 cm 以上的空间。

（4）盛装危险废物的容器上必须粘贴相关标识，危险废物相关标识标牌、适用范围及说明见表 3-4。

表 3-4　　危险废物相关标识标牌

标识标牌	适用范围	说明
	适合于室内外悬挂的危险废物警告标识	1. 危险废物警告标识形状为等边三角形，边长 40 cm，背景为黄色，图形为黑色 2. 警告标识外檐 2.5 cm 3. 适用于危险废物储存设施为房屋的，建有围墙或防护栅栏且高度高于 100 cm 的部分危险废物利用或处置场所

续表

标识标牌	适用范围	说明
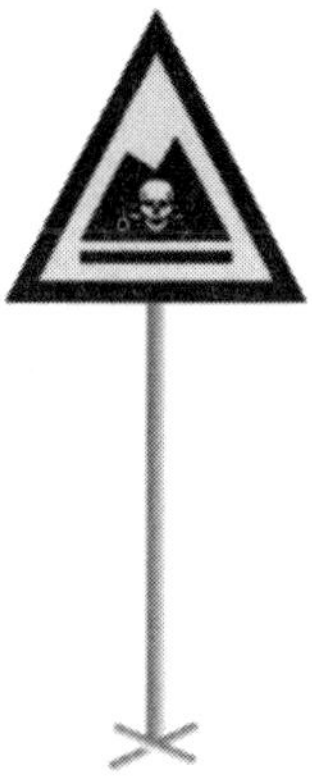	适合于室内外独立摆放或树立的危险废物警告标志	1. 标识要求同上 2. 背面以螺钉固定，可调整支杆高度，支杆底部可以埋于地下，也可以独立摆放，标识牌下沿距地面 120 cm 3. 适用于：危险废物储存设施建有围墙或防护栅栏且高度不足 100 cm 时；危险废物储存设施为箱柜等独立储存设施的，其箱柜上不便于悬挂时；危险废物储存于库房一隅的，需独立摆放时；所产生的危险废物密封不外排存放的，需独立摆放时；部分危险废物利用、处置场所
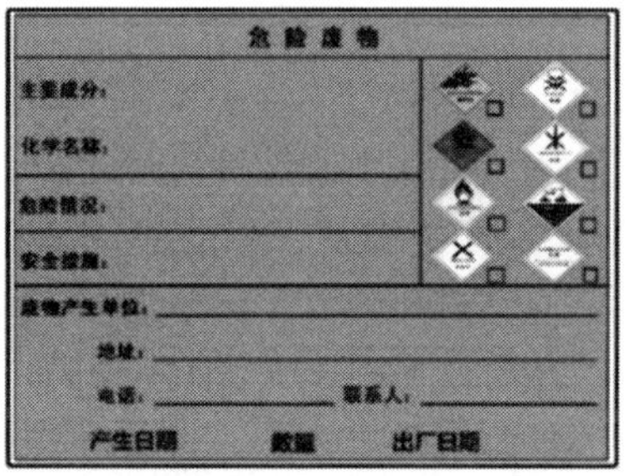	粘贴于危险废物储存容器上的危险废物标签	1. 危险废物标签尺寸为 20 cm × 20 cm，底色为醒目的黄色，字体为黑体，字体颜色为黑色 2. 危险类别：按危险废物种类选择 3. 材料为不干胶印刷品
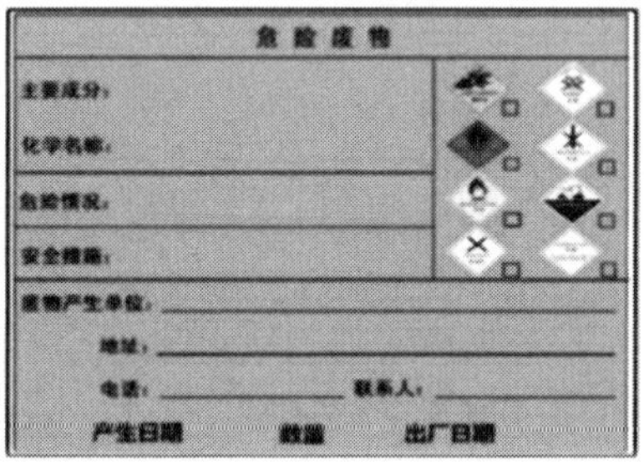	系挂于袋装危险废物包装物上的危险废物标签	1. 危险废物标签尺寸为 10 cm × 10 cm，底色为醒目的黄色，字体为黑体，字体颜色为黑色 2. 危险类别：按危险废物种类选择 3. 材料为印刷品

3. 危险废物储存管理

（1）应建有危险废物台账，结合台账可查看维修企业危险废物产生种类、数量、处置方式是否与环评一致。危险废物产生者和危险废物储存者均需做好危险废物情况的记录，记录上须注明危险废物的名称、来源、数量、特性、包装容器的类别、入库日期、存放位置、出库日期及接收单位名称。危险废物的记录和货单在危险废物回收后应继续保留三年。

（2）危险废物应及时转运，企业要如实填写危险废物转移联单，并在产生单位栏加盖公章，危险废物转移计划应经审批。

（3）建立健全危险废物污染防治制度，负责人应熟悉危险废物管理相关法规和制度。

（4）危险废物储存时需施行“双人双锁”管理制度。

（5）储存危险废物不得超过一年，超过一年需报环保部门审批。

三、新能源汽车动力电池安全管理

动力电池是新能源汽车的核心部件，在安全性方面有其特殊性，企业在储存、安装、调试和使用动力电池过程中必须严格管理，确保安全。

1. 动力电池存放注意事项

（1）动力电池应储存在通风、干燥且阴凉的环境中，储存面积应不低于 10 m^2。

（2）储存场所地面应做防渗漏、防静电处理等。

（3）电池、电池包、电池模块应独立储存，避免与腐蚀性物质接触，应在货架上整齐摆放，货架层数一般不超过 3 层，储存后总高度不超过 1.8 m。

（4）拆开包装的电池储存时，需重新按要求包装好。

（5）正常电池储存不应超过 3 个月，储存普通故障（废旧）蓄电池和高危蓄电池的时间不应超过 1 个月。锂电池如需长期存放（6 个月以上），应每隔 3 个月充一次电。

（6）电池储存区域内应配置消防设施。

（7）定期检查电池单体、电池包、电池模块的安全性能，落实夜间防火巡查，并做好记录。

2. 动力电池安装和调试注意事项

（1）动力电池在安装和维修过程中，禁止佩戴手链、戒指、手表等金属饰品，以免引起电池短路，发生危险。

（2）动力电池在安装和调试过程中，必须由经过安全培训的专业人员操作，并且要穿戴绝缘手套和绝缘鞋等安全防护用品，使用专业工具。

（3）对电池系统线缆进行连接和拆卸作业前，先拔掉高压配电箱上的 MSD 开关（又称手动维修保护开关），再进行接线或拆线，以保证维修人员的安全。

3. 动力电池储存着火时的应急措施

动力电池有时会因储存放置不当、电池内部发生变化或储存环境不当引发燃烧，因此应定期组织消防灭火实操演练、触电及火灾应急演练等活动，对相关作业人员、监护人员及安全管理人员进行岗前、在岗培训。当动力电池在储存期出现着火时，可对应以下三个阶段采取相应措施。

（1）冒烟阶段。当电池出现冒烟未起火时，宜采用沙土覆盖的方式，覆盖后静置 1 h 以上等其完全熄灭。

（2）初起燃烧阶段。整箱电池起火时，宜采用组合式方法灭火，即先使用灭火器将明火扑灭，再用沙土覆盖方式将电池火灾扑灭，覆盖后静置 2 h 以上等其完全熄灭。

（3）燃烧阶段。燃烧阶段一般是指多箱电池起火，应先疏散无关人员，在无风的条件下，现场人员操作叉车将未燃烧的电池转移到安全地带，留出宽度大约为 6 m 的防火间隔，视情况灭火救援或报警处理。

4. 充电过程中动力电池着火时的应急措施

当车辆动力电池充电中出现烟雾时，应立即按下充电桩急停按钮，关闭充电桩电源，利用沙土覆盖，再用消防器材消灭明火。若火势严重，一时无法扑灭，应远离车辆，及时报警。

5. 使用过程中动力电池出现问题时的应急措施

车辆行驶过程中动力电池若出现问题，在确保人身安全的情况下，可采用以下应急措施：

（1）车辆冒烟、起火时的应急措施

车辆行驶过程中，动力电池遇到高强冲击力，电池和电气设备遭到损坏可能引发火灾。如果发现电池高温报警，并伴有异味或电池仓内有烟冒出，可先将车辆停靠路边，打开双闪；及时疏散乘客有序撤离，并在车后 50 m 处放置警示牌；佩戴好绝缘手套后断开 MSD 开关及电池高、低压连接器；若电池线束等连接部分冒烟起火，佩戴防火手套对起火点用干粉或二氧化碳灭火器进行喷射；若电池箱体起火，人员应迅速撤离车辆，并及时联系消防部门使用高压水枪对起火点进行喷射。

（2）车辆电池仓进水时的应急措施

车辆因低洼泊车、不当涉水、洗车等原因导致电池进水，可先将车辆停靠路边，及时疏散乘客有序撤离；佩戴好绝缘手套后断开 MSD 开关及电池高、低压连接器；若出现冒烟、起火等情况，按车辆冒烟、起火时的应急措施处理。

（3）车辆发生事故时的应急措施

如果车辆发生交通事故，条件允许的前提下先将车辆停靠路边，及时疏散乘客有序撤离；佩戴好绝缘手套后断开电池高、低压连接器；通知道路交通等相关部门。

（4）其他注意事项

1）紧急停车时要远离加油站、加气站等存有易燃易爆危险品的场所。

2）车上须配置绝缘手套、防火手套、干粉或二氧化碳灭火器，并置于容易拿到的位置。

3）出现明火时应立即拨打火警电话，出现人员伤亡及时拨打 120 急救电话。

四、汽车维修企业职业危害防范管理

职业危害是指在生产劳动过程及其环境中产生或存在的，对职业人群的健康、安全和作业能力可能造成不良影响的一切要素或条件的总称。作业场所职业危害是指劳动者在作业场所接触到的粉尘、化学毒物、物理因素、生物因素等可能导致职业病的各种有害因素。

汽车维修企业产生职业危害的因素主要是化学物质中的一氧化碳、甲醇、丁醇等；有机溶剂中的苯、甲苯、正己烷、汽油等；物理因素中的电焊烟尘、砂轮磨尘和噪声等。汽车维修企业涉及有职业危害的岗位主要是喷漆、焊接、钣金等。

为了提高员工的防范意识，预防、控制和消除职业危害，保护员工身体健康，汽车维修企业一般从以下几点加强对员工职业危害的防范管理：

1. 要坚持“预防为主、防治结合”，建立职业危害防治责任制度，实施分类管理和综合治理。

2. 对员工进行上岗前培训，教育员工严格执行安全操作规程，正确使用劳动防护用品和器材。

3. 改善劳动条件，加强通风、排毒、排尘，实现机械化、密闭化和自动化。

4. 对易发生急性中毒事故或其他职业危害的作业场所，应设立警示牌，并配备有效的紧急防范设施和医疗急救用品。

【案例分析】

依据国家标准《汽车维修业开业条件　第 1 部分：汽车整车维修企业》（GB/T 16739.1—2014）（以下简称《条件》），汽车维修企业开业除了需满足人员、组织管理、设施设备等条件外，环境保护条件也应符合要求。本案例中的汽车维修企业属一类汽车整车维修企业，生产厂房面积符合《条件》中“不小于 800 m^2”的规定，设置了维修区、交车区、配件库、咨询室、办公室、卫生间等区域，符合《条件》中的设施条件。

汽车维修企业在开业前应将有害物质存储区域界定清楚，必要时应有隔离、控制措施；应对废油、废液、废气、废水、废蓄电池、废轮胎、石棉废料及有害垃圾等物质集中收集并有效处理；作业环境以及采光、通风、吸尘、净化、消声等设施均应符合环境保护的有关规定；涂漆车间应设有专用的废水排放及处理设施。

【评价与讨论】

一、自评与互评

结合本节学习目标，对知识掌握情况进行自评与互评，见表 3–5。

表 3–5　　自评与互评

评价内容	自评	互评
能否准确叙述汽车维修企业环保评估项目及整改实施步骤（20 分）		
能否准确叙述汽车危险废物储存场所设置时的注意事项（20 分）		
能否准确叙述动力电池安装和调试时的注意事项（20 分）		
能否准确叙述汽车维修企业产生职业危害的因素有哪些（20 分）		
能否准确叙述汽车维修企业职业危害防范管理的注意事项（20 分）		
总评（学生自评 40%+ 小组互评 60%）		

二、小组讨论

1. 汽车维修企业设立危险废物储存场所时，应注意哪些事项?
2. 储存废旧或故障动力电池时，应注意哪些事项?

第四章 汽车维修企业服务流程与维修质量管理

第一节 汽车维修企业服务管理概述

学习目标

1. 了解汽车维修企业服务的分类及其重要性。
2. 掌握汽车维修企业服务的内容与措施。
3. 掌握汽车维修企业服务流程中部门间的合作。

【案例导入】

张同学现为汽车检测与维修专业的学生，励志学好汽车维修方面的相关课程，毕业后从事汽车售后服务岗位。他上岗后要为客户提供哪些服务项目呢？为提高服务质量，需要哪些部门之间的合作？各部门之间如何协作才能为客户提供优质服务呢？

【知识准备】

一、服务的分类及其重要性

1. 服务的概念

服务的概念一般定义为具有无形特征却可给人带来某种利益或满足感的，可供有偿转让的一种或一系列活动。现代服务业在社会经济中的地位与日俱增，已成为有形产品不可缺少的组成部分。

汽车维修企业的服务是指以汽车产品为中心，为汽车用户所提供的车辆维修、保险理赔、车辆年检和零件更新换代等产品保障。

2. 服务的分类

汽车维修企业的服务可分为核心服务和延伸服务两方面的内容，以完成核心服务为基础，尽量为客户提供延伸服务，打造令客户信赖的服务体系。

（1）核心服务

对汽车销售部门来说，核心服务是向客户提供产品的基本效用或利益，包括汽车本身的性能、品牌、颜色、型号、装备等。对汽车维修部门来说，核心服务是向客户提供技术可信、质量上乘的维修活动，包括预约、准备、车辆接收、制作订单、修理作业、质量控制、交车准备、交车、开发票、服务跟踪等内容。

（2）延伸服务

延伸服务是指客户购买现实产品和期望产品时，附带获得的各种利益的总和，包括保证、安装、送货、技术培训、质量担保、保险代理、车辆登记手续代办、产品换代升级等。

3. 服务的重要性

高效的服务通常会在汽车维修业务中为企业做出经济上的重要贡献。服务部门是为经销商得到大批忠诚客户的最重要部门，这些客户不仅购买企业服务，而且会成为购买企业新车或二手车的潜在客户。因此，良好的服务是非常重要的。

整个服务战略必须根据“服务第一”的座右铭来制定，这一战略必须通过以下几个原则体现出来：

（1）客户的愿望就是我们的工作，这是企业提出的基本服务理念。

（2）只有认真地倾听客户的意见后，才能告诉客户如何解决他们的问题。有一句话告诉我们：“第一辆车是由销售人员卖出的，而以后的车则是通过良好的服务卖出的。”这就意味着在汽车销售业务方面的成功，一方面有赖于新车和二手车销售人员的合作，另一方面则有赖于良好服务提供的信誉。因此，服务是获得客户满意和忠诚的重要工具之一。

二、服务的内容与措施

1. 服务的内容

按现代有关理念，汽车维修企业的服务内容定义为汽车后市场，它涵盖了除保险以外的所有服务项目，主要包括以下几个方面：

（1）汽车的维护、修理。

（2）保修期内的索赔。

（3）配件销售。

（4）精品销售。

（5）事故车维修。

（6）旧车置换服务。

（7）紧急求援。

（8）有关产品咨询。

（9）替换车服务。

（10）与汽车有关的代理服务。

2. 实现服务内容的措施

（1）不断努力完成服务人员的职责、任务和相应的活动。

（2）不断改进经销商外部和内部的销售环境。

（3）尽可能提高客户和员工的满意度，循序渐进地使整个经销商及其设施现代化。

（4）不断调整工位并提升人员素质，使员工适应当前工作的需要。

（5）通过开展车间经济管理和不断地增进效益数据，来提高服务部门的利润贡献。

（6）根据业务管理原则执行工时登记和评价制度。

（7）重视客户抱怨的内容，以便更快、更好地获得信息并进行交流。

（8）通过提高工作质量和进行质量检查来减少“待工”的时间，使用特别的检查程序进行随机检查。

（9）为使购置新车的客户满意，必须进行交车前检验。

（10）不断提高紧急修理和服务的能力，提升应急救援能力。

（11）开展各种活动，并不断提高客户满意率。

（12）使用推荐的专用工具、仪器和设备。

（13）检查、更新和正确地使用所有能够利用的服务信息材料。

（14）定期组织各项技术培训和服务培训，扩大受训人数，进一步提高员工的技能和素养水平。

三、服务流程中各部门间的合作

专业的售后服务对车辆销售具有重要意义，因此需要汽车维修企业的销售、服务和配件部门之间相互配合。车辆销售之后，其售后服务就进入正式阶段，包括车辆的免费首保、定期维护与保养等。为提高服务质量，售后部门为车辆建立维修档案，对车辆保养做详细记录，包括行驶里程、保养时间、保养项目、更换配件等内容，通过电话回访等方式，提醒车主下一个保养周期，不要耽误车辆的定期维护与保养。

经常有这样的情况，在向客户提供技术咨询的时候就直接促成了新车或二手车的销售业务。为了最大程度地发掘销售潜力，服务、配件和销售人员密切配合是非常重要的。这种合作首先要求这些部门之间具有良好和定期的交流，例如服务顾问事先与销售人员讨论有关新车售后零配件发生故障概率，那么服务顾问与维修客户的会谈就可能成功。同时，销售人员可以通过服务部门获得客户的信息（如姓名、地址、车龄和公里数等），这样销售人员事先就掌握了必要的信息使得他能够继续和潜在的客户谈下去，许多销售方面的信息和谈话的引子都能够在组织良好的客户档案索引中找到。

这种密切配合同样也适合配件部门。配件部门也会经常与客户接触，在所有的配件销售柜台上，只要配件工作人员服务周到，就可以创造出讨论销售业务的机会。市场占有率是随着客户满意度的上升而上升的；而客户满意度的上升则是通过更好的服务实现的。因此，应注重经销商内所有部门（包括新车销售、二手车销售、配件和附件销售、融资服务、服务部门）相互之间的交流和沟通，从而为经销商的总体目标而工作。

【案例分析】

作为汽车售后服务岗位的工作人员，应为车主提供基本的车辆免费首保以及定期维护与保养等服务。为提高服务质量，应为车主建立车辆维修档案，对客户车辆保养做详细记录，包括行驶里程、保养时间、保养项目、更换配件等，同时定期对客户进行电话回访，并提醒客户下次保养的时间。

汽车售后服务顾问与配件、销售部门的工作人员要做好定期交流和信息互换，这对于发展潜在客户、提升客户满意度都具有重要意义。

【评价与讨论】

一、自评与互评

结合本节学习目标，对知识掌握情况进行自评与互评，见表 4–1。

表 4–1　　自评与互评

评价内容	自评	互评
能否理解汽车维修企业服务的分类及其重要性（30 分）		
能否准确叙述车辆维修服务的内容与措施（30 分）		
能否准确叙述车辆维修服务流程中需要哪些部门之间的合作（40 分）		
总评（学生自评 40%+ 小组互评 60%）		

二、小组讨论

1. 你认为汽车维修企业应该为顾客提供哪些服务?
2. 为顾客提供优质服务，汽车维修企业各部门之间应该怎样协作?
3. 根据本节所学内容，谈谈优质的服务为何源于顾客的信赖。

第二节　客 户 愿 望

学习目标

1. 理解客户愿望的分类和内容。
2. 掌握客户需求与理想服务。

【案例导入】

对于一个服务型车辆维修企业，如何提高服务质量、提升客户满意度是十分重要的。作为汽车维修企业，为客户提供哪些服务是最基本的，增加延伸服务项目客户是否会更满意，是否能给企业带来高效收益呢? 张同学来到车辆维修站，向负责人提出了以上问题，负责人对他认真的学习态度表示肯定，给他讲解了客户愿望与优质服务的关系，满足客户合理的愿望是有度的，并不是越多越好。

【知识准备】

对消费者来说，在进行消费行为之前，都会对自己的消费行为抱有一种愿望。对于汽车用户同样如此，在来维修企业之前，他们都会对此次维修的情况抱有一种愿望，如故障是否能够被消除，企业对待他的态度如何，此次的费用如何。如果在消费过程中，车辆故障很快被消除，其愿望基本就得到了满足，那么他对此次的消费行为就会感到满意；如果企业的服务态度好，而且费用能够接受，则会超过其愿望，用户就会感到很满意；反之则会产生不满意；如果消费行为与其愿望相差很远，则会产生不满甚至抱怨。对于服务企业，要想让客户满意，就应该首先了解客户的愿望。

一、客户愿望及其重要性

客户愿望是指客户希望企业提供的产品或服务能满足其需要的水平，达到了这一期望，客户会感到满意，否则，顾客就会不满。

1. 客户愿望的分类

不同的客户其愿望是有区别的，这取决于客户的性别、年龄、受教育程度和个人经历等诸多因素，即使是以上各种条件相同，但因个体不同，其愿望也会有所差别，但大体上客户的愿望可分为一般愿望、理想愿望、最高愿望。

（1）一般愿望。一般愿望即满足其最基本的要求，如汽车用户来企业维修车辆，企业应按质、按时维修好车辆。

（2）理想愿望。理想愿望即满足其设想的条件，如企业在保证按质、按时维修好车辆的同时，还有非常好的服务态度，且收费合理。

（3）最高愿望。最高愿望即满足客户设想的最理想的愿望，例如除满足以上两点外，维修企业还对其提供了有关车辆使用的注意事项和一些免费服务等。

2. 客户愿望的内容

当一个人想使对方满意的时候，必须知道对方的愿望是什么以及什么是对方满意的基础，这种愿望因人而异并随着时间的变化而改变。

（1）要明白大多数车主对维修企业的基本愿望是什么。

1）客户对本次车辆维修的愿望是什么。

2）某些个别客户到车辆维修站来有一些什么样的特殊愿望。

3）这些期望能够满足多少或哪些愿望不能满足。

（2）要得到以上信息可以采用一些方法。例如，形象分析、调查问卷、车间测试等方式，理清客户对维修企业的愿望内容。其中，最重要的客户愿望如下：

1）可靠的售后服务。

2）礼貌和友好的接待。

3）专业性的建议和推荐。

4）合理的价格。

5）全面的服务和优质的维修质量。

6）友好的氛围。

（3）针对客户的愿望内容，不断改进、提升服务质量，内容如下：

1）正确和迅速的接待。

2）安全和质量的保证。

3）约定所需要的修理时间。

4）不需要很长的等待时间。

5）详细解释修理项目的内容，当面向客户交接性能良好的车辆。

6）向客户提供修理报价。

7）方便的营业时间。

所有这些构成了范围宽广的客户愿望，能不能满足和如何满足客户的愿望是通过维修企业具体的工作体现出来的，维修企业员工应该正确对待并不断改进与提升。

二、客户需求与理想服务

1. 客户的需求

汽车维修企业首先要满足客户的基本需求，客户的基本需求就是车辆得到及时、保质的维护或维修，并且收费价格合理，客户能放心使用车辆。

2. 理想服务

理想服务是指客户满意度与实际服务产品的吻合程度的关系。客户的满意程度是由客户对其购买产品的预期，以及客户购买和使用后对产品的判断的吻合程度来决定的。理想服务是客户心目中预期的一种概念性服务，即客户认为自己支付了一定数量的货币，应该购买到具有一定功能、特性和达到质量标准的产品；而实际服务是客户得到产品后，在实际使用过程中对其功能、特性及其质量的体验和判断。如果实际服务劣于理想服务，那么客户就会产生不满意。如果实际服务与理想服务吻合，客户的期望得到验证，那么客户就会感到满意。如果实际服务优于理想服务，客户不仅会感到满意，而且会产生惊喜、兴奋。

从以上分析可以看出理想服务是由客户根据自身的经验，加上从各种渠道收集的信息形成的对产品的一种抽象性预期。企业在推出自己的产品时就应考虑到客户本身的影响力和控制力。企业在进行营销策划时，应合理地推荐自己的产品，不应过分夸大自己产品的特性，让客户的期望值过高，当然过分谦虚，营销也就失去了意义，合理地推荐产品既让客户了解自己的产品又不让客户产生过高的期望值，把握好这个尺度，让客户在消费产品后对企业有良好的信任感，也就是说客户购买的实际产品高于理想产品，惊喜情况就会发生，企业的营销活动也就达到了目的。

汽车维修企业一定要把握好理想服务的度。维修企业在满足客户基本需求的基础上附加的服务项目越多，车主满意度就会越高。但是过多的附加服务项目会增加维修成本，当某一天附加服务项目减少后，客户会产生失望的感觉，因此理想服务一定要处理好度的关系。

【案例分析】

张同学通过本节课程的学习，明白了客户的愿望与需求，作为服务型企业，满足客户愿望是非常重要的。

1. 客户的需求分为基本需求和超值服务需求。作为汽车维修企业，在满足车主基本需求的基础上，尽量给客户提供超值的服务需求，这是一个企业发展、提升自身形象的必要措施。

2. 为客户提供的服务必须是理性的。在满足基本服务的基础上，不是提供的服务越多越好，过多的附加服务项目会增加企业成本，当某一天附加服务项目减少后，客户会产生失望的感觉。因此，理想服务一定要处理好度的关系。

3. 张同学深刻认识到客户理想服务的基本点是基于对企业的信任。对于从事服务行业的人员来讲，积极与客户沟通，了解客户的需求是什么，客户最关心的是什么，是实现良好服务的基础。

【评价与讨论】

一、自评与互评

结合本节学习目标，对知识掌握情况进行自评与互评，见表 4–2。

表 4–2　　自评与互评

评价内容	自评	互评
能否准确叙述客户愿望的分类和内容（50 分）		
能否准确叙述客户需求与理想服务（50 分）		
总评（学生自评 40%+ 小组互评 60%）		

二、小组讨论

1. 客户来汽车维修企业维修车辆，他们最基本的愿望是什么？
2. 客户来汽车维修企业维修车辆，他们最基本的需求是什么？
3. 汽车维修企业应为车主提供哪些服务项目，才能让客户感到非常满意？

第三节　优 质 服 务

学习目标

1. 掌握基本服务中的预约服务、道路救援服务、电话回访与客户关怀服务。
2. 掌握延伸性服务中的取送车和代用车服务。

【案例导入】

对于服务型汽车维修企业来讲，应为客户提供哪些服务项目呢？张同学反复思考，列举了应提供预约服务、道路援救服务、电话回访与客户关怀服务、取送车服务等项目，但每项服务包含什么内容以及应该怎样做他还不清楚，为此他来到车辆维修站向负责人请教，负责人以本店生产经营为例，对他提出的问题做了详细的讲解。根据为客户提供服务的程度，将服务的类型分为两类，一类是基本的服务项目，另一类是附加的延伸性服务项目，负责人向张同学介绍了各项服务的主要内容以及应如何实施。

【知识准备】

一、基本服务

为确保车辆的维修质量，汽车维修企业必须为客户提供最基本的服务，包括预约服务、道路救援服务、电话回访与客户关怀服务等。

1. 预约服务

（1）预约服务的主要内容

预约是准备任务订单的第一步，是指和客户提前预订车辆维修事宜的全过程。预约主要由企业专人组织，根据车辆维修档案和车辆的维修周期，通过电话联系的方式与客户建立联系，掌握车辆的使用状态，提出维修或保养建议，安排合适的时间与客户预约完成车辆的维护或维修项目。预约服务也并不一定是由企业提出，有些车主可以通过企业的服务热线或网站，根据企业每天预留的保养车辆台数，约定服务时间、服务项目或维修技师。最终预约时间是由企业结合车主的约定时间和服务内容来确定的，并得到客户的许可，为客户提供准确的预约服务。

预约服务的主要内容包括记录客户所有的要求、问题、车辆的细节、提供代用交通服务等。尽管预约是第一次与客户接触，也是与客户建立良好关系的机会，可用电话方式联系，也可通过现代化网络联系方式实现，其最终目标是建立企业和客户之间的良好沟通关系。

（2）预约服务的优点

1）可以较好地利用车间的修理能力，合理规划车辆来厂时间，最大限度地减少待工和过多的交车时间。

2）在大多数情况下可以错开接待时间，使每位客户都能感受到热情周到的接待。

3）可以减少等待客户的时间，从而省出时间向客户提供技术咨询。

4）可及时订购仓库里面没有库存但此次维修必须使用的配件或附件，确保车辆到厂作业时该配件已到位。

5）客户可事先知道准确的接车时间。

随着现代信息技术的发展，预约服务已经成为人们各项活动的必要项目，这样可以有计划地组织车辆的维修内容和作业时间，减少车辆维修等待和滞留时间。预约体系的另一个重要作用是把每天修理能力的一部分留出来供没有预约的客户或紧急客户使用。这种保留的修理能力可占总修理能力的 10% ~ 20%，也可根据不同地区的具体情况进行适当的调节。如果客户忘记了预约计划或突然取消预约，那么这些时间就会自动成为保留的修理能力。

2. 道路救援服务

道路救援服务是指当车辆突发故障或事故无法正常使用时，根据汽车用户要求而采取的紧急救助措施。维修企业可通过电话、电信、网络等渠道 24 小时受理道路紧急救援业务。车辆维修救援应按照国家有关标准实施，救援人员应严格按照汽车维修标准和规定进行作业并加强救援安全管理。救援过程中不得违规操作，如在道路上进行抢修作业时，应按规定在车后 50 ~ 150 m 处设置警告牌，并开启危险信号灯等。救援过程中一定要注意保护环境，产生的废弃物应及时回收。施救车辆应在醒目位置喷涂统一的维修施救标识，施救人员要穿着印有统一施救标识的反光背心。

道路救援服务的实施步骤如下：

1）接待人员接到求救信息后，应详细记录求救客户的姓名、车牌号码、车辆品牌型号、故障现象、事故地点、联系方式等信息。

2）了解救护内容后，根据车辆所要解决的问题，及时为客户提出救援方案，可指导客户现场自行解决或派援救人员到现场解决。

3）接待人员可通过电话或视频等方式，在符合场地作业安全的前提下，指导客户自行完成相关简单的作业任务，如更换备胎等。

4）对于现场难以解决的故障或不具备自救能力的客户，必须提供现场救援服务。提醒驾驶员在车辆后方适当位置设置警告牌，开启车辆危险信号灯，离开车辆到安全位置，耐心等待救援人员的到来。接待人员必须告知客户救援人员的联系方式和到达时间，避免客户产生焦急情绪。

5）救援人员到达后，应积极对车辆实施救护，若车辆损伤严重，不能在现场维修好，要告知车主需将车辆拖回维修。要根据相关救援规定移动故障车辆，若超过救援里程，需要收取一定费用时，救援人员要明确收费标准，力争取得客户的理解。

3. 电话回访与客户关怀服务

（1）电话回访的意义

1）企业可以再次感谢客户的惠顾，通过这种方式，企业可以得到忠诚的客户并提升企业形象。

2）企业能够了解到是否从客户的出发点完成了工作。通过与客户交谈可以挑出可能的缺陷和不足之处，可以防止不满意的客户传播其愤怒，甚至不再光顾。

3）企业可以了解到自身存在的缺点并及时纠正，如果企业一直不知道这些缺点或低估了问题的严重性，将严重影响企业形象。

（2）电话回访的基本原则

电话回访业务能获得多少实在的利益取决于企业对回访结果的态度。成功的电话回访需要遵循以下基本原则：

1）工作完成后，定期对客户进行电话回访。

2）电话回访时注意语言技巧。

3）对一些具体的抱怨应有快速和简洁的措施。

4）检查其他客户的愿望，以知道这些愿望能否实现。

5）将回访结果作为员工会议的一部分。

（3）电话回访的时间

电话回访员应尽可能少地给客户带来不便，因此，早晨 9:00 前和下午 5:30 以后的时间应排除掉，最佳回访时间段为 9:00—11:00 am、2:00—5:30 pm。如果电话没有应答，第二天应继续进行。

（4）电话回访的技巧

电话回访的介绍阶段十分重要，如果介绍不到位，客户很容易产生不信任并怀疑打电话的动机。因此，建议严格按照设计好的结构，逐字进行回访。

1）声音听上去应该尽可能友好、自然，以便能很快取得客户的信任，坦率地进行谈话。

2）要给那些没有准备的客户时间，以便他们能回忆起细节。说话不应太快，不应给客户留下匆匆忙忙的印象。

3）一定要让客户把话说完，不要打断。要简要又清楚地记录客户说的话，对其评述与表扬也应如实记录。

4）如果遇到客户抱怨，不要找借口，要对客户解释说，已经记下了他的话，并将及时进行处理。

回访员应首先把客户的所有重要评论记录在便笺上，回访结束后，再将要点清晰地写在电话记录中，并及时向有关部门负责人反馈，以便及时处理客户提出的问题。电话回访谈话顺序如图 4–1 所示。

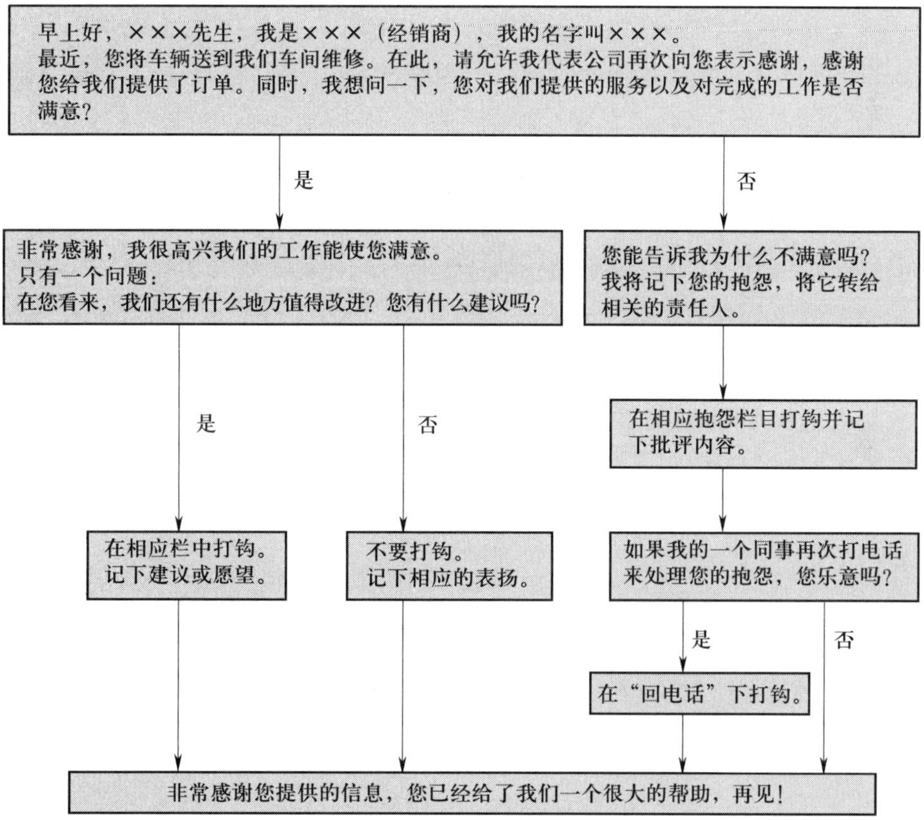

图 4–1　电话回访谈话顺序

通过电话回访，可以更好地了解售后服务中客户的意见和需求，让客户体验到更多的关怀，搭建客户与售后服务企业之间的信任纽带，实现维修企业和客户的双赢。

二、延伸性服务

延伸性服务是指在完成基本服务项目的基础上，由维修企业根据自己的实际情况，为客户提供的超出期望值的服务项目，以提升服务质量和企业发展的竞争能力。汽车维修企业提供的延伸性服务主要有取送车服务和代用车服务等。

1. 取送车服务

为提升服务质量，对于某些特定客户，若没有时间到维修站进行定期的车辆维护与保养，可为这部分客户提供取送车服务，即按照约定的时间和地点去将客户的车辆取来，在完成相关的维修项目后，再将车辆送还给客户。这些收费项目是灵活可变的，若修理费超过某个数值时，就不应再收取送费。许多客户都倾向于舒适，并且将取送车服务视为车间服务的延伸。对于企业而言，客户的满意度会提高，获得新客户的机会将更多，服务项目将更具有吸引力，会整体提升企业的形象。

2. 代用车服务

对于所有需要将车辆放在维修车间里几个小时或几天，但又急需代用车来解决其商务或个人事务的客户，或那些离开车就不行的客户，由品牌特许经销商提供代用车供其租用。

代用车是由特许经销商提供的一项特殊且长期的服务项目，其目的是使服务整体上更贴近客户且更有吸引力。客户在他们自己的车辆暂时不能使用时，也能享受到代用车服务的舒适和自由。提供代用车服务能让每个经销商都有机会盈利并可改善经销商形象，让经销商更现代化，更贴近客户。此外，代用车还直接促进了新车型的推广或让已经被淘汰的车型重新投入使用。同时具有吸引力的代用车还是促销的一种试车手段。

企业提供的代用车必须技术性能良好，证照齐全，符合安全上路行驶的基本要求。驾驶人要持有驾驶代用车型的有效驾驶证，并符合驾车条件。使用代用车时，要与企业签订车辆使用合同书，明确双方责任，驾驶代用车辆期间产生的一切交通违规或责任事故，由代用人负责。

当然，代用车不是免费供客户使用的，租用成本的计算方法有很多种，60% 的租用率能保本，超过 60% 的租用率能盈利。

【案例分析】

张同学通过本节课程的学习，明白了汽车维修企业必须为客户提供优质服务，包括预约服务、道路救援服务、电话回访与客户关怀服务、取送车服务和代用车服务等。

张同学领悟到汽车维修企业要想做到让客户满意，要让客户感受到企业的关心。在实施服务项目时还要因人而异，如在道路救援服务中，有些驾驶员熟悉车辆的构造和工作原理，动手能力较强，可以在确保安全的前提下，电话指导其完成道路自救；若是一位对车辆不熟悉，动手能力差的驾驶员，一定要派救援人员及时到达现场对车辆实施救援。要本着真诚的心对待客户，细致地完成各项服务项目，遇到客户抱怨时应热情接待，稳定好客户的情绪，帮助客户解决问题，即使有些服务项目是收费的，也会得到客户的理解和支持。

【评价与讨论】

一、自评与互评

结合本节学习目标，对知识掌握情况进行自评与互评，见表 4–3。

表 4–3　　自评与互评

评价内容	自评	互评
能否准确叙述预约服务的内容（20 分）		
能否准确叙述道路救援服务的内容（20 分）		
能否准确叙述电话回访与客户关怀服务的流程（20 分）		
能否准确叙述取送车服务的内容（20 分）		
能否准确叙述代用车服务的内容（20 分）		
总评（学生自评 40%+ 小组互评 60%）		

二、小组讨论

1. 汽车维修企业应为客户提供哪些基本服务?
2. 汽车维修企业的取送车服务主要面向哪些群体?
3. 汽车维修企业为客户提供代用车服务时，应注意哪些内容?

第四节　服务接待与礼仪

学习目标

1. 掌握服务礼仪的概念、内涵和基本要求。
2. 掌握汽车销售礼仪和售后接待礼仪。

【案例导入】

张同学现在一家服务型汽车维修企业实习，要想做好客户服务工作，必须认真学习服务礼仪的相关知识，努力提升自身素质，使自己在语言、着装、行为上更加符合服务顾问的标准。汽车服务礼仪的内涵包括什么？如何在汽车售后环节应用各种礼仪？为早日成为一名正式员工，他带着疑问进入本节内容的学习。

【知识准备】

一、服务礼仪概述

1. 礼仪的概念

礼仪是人们在社会交往活动中共同遵守的行为规范和准则，其受历史传统、风俗习惯、宗教信仰、时代潮流等因素的影响而形成，是以建立和谐关系为目的的各种符合交往要求的行为准则和规范的总和。从内容上讲，礼仪由礼仪的主体、礼仪的客体、礼仪的媒介和礼仪的环境四个要素构成。

（1）礼仪的主体

礼仪的主体即礼仪的操作者和实施者，它既可以是人，也可以是组织。当礼仪活动规模较小、较简单时，其主体通常是个人；当礼仪规模较大、较复杂时，其主体则通常是组织。

（2）礼仪的客体

礼仪的客体即礼仪的对象，指的是礼仪活动的指向者和承受者。从外延上讲，它可以是人，也可以是物；可以是物质的，也可以是精神的；可以是具体的，也可以是抽象的；可以是有形的，也可以是无形的。

（3）礼仪的媒介

礼仪的媒介即礼仪活动所依托的一定媒介，具体由人体礼仪媒介、物体礼仪媒介和事体礼仪媒介等构成的。在具体操作礼仪时，这些不同的礼仪媒介往往是交叉配合使用的。

（4）礼仪的环境

礼仪的环境即礼仪活动得以进行的特定的时空条件，它可以分为礼仪的自我环境与礼仪的社会环境。礼仪的环境通常制约着礼仪的实施，不仅决定着实施何种礼仪，而且也决定了具体礼仪的实施方法。

2. 服务礼仪的内涵

学习服务礼仪知识不仅有助于塑造良好的形象，还有助于提高综合素质。要想尽快提高服务人员的服务水平，就必须重视服务礼仪教育。

在语言修养方面，服务人员应使用文明礼貌用语，尽量提高个人谈吐修养和口头表达能力；在表情训练方面，开展文明优质服务，不仅要强调语言文明，还必须要强调表情优雅；在姿态方面，服务人员要随时注意自己的站、立、坐、行的姿态，尽量符合端正、大方、文明、优雅的标准；在服饰搭配方面，要整洁、得体、朴实、大方，接待人员尽量统一着装，并杜绝一切不得体和过分的修饰打扮；在道德思想方面，要加强服务人员的世界观和人生观改造，重视其思想品质和职业道德的培养，使其提供的服务是发自内心的、真诚的奉献。

可见，服务礼仪是一个人综合素质的体现。提高服务人员的礼仪水平，需要全方位提高服务人员的综合素质。

3. 服务礼仪的基本要求

服务礼仪的基本要求主要包括语言修养和非语言修养两个方面的内容。

（1）语言修养

服务人员必须具备良好的语言修养，准确把握语言的技巧，努力使自己的语言完美化，使服务对象对服务人员产生敬重感，从而树立起良好的服务礼仪形象。提升语言修养主要有以下几点注意事项：

从语言规范方面来说，在服务工作中应要求服务人员讲普通话；从语言表达方面来说，要求服务人员在掌握好本岗位专业知识之外，还应具备较强的语言表达能力及高水平的沟通技巧，应学会认真倾听，对客户的疑问能够快速反应并简洁、准确地回答，切忌啰唆、语无伦次和答非所问；从语言礼貌方面来说，应当将敬语“您好”“请”“对不起”“谢谢”等常挂在嘴边；在语句选择上，服务人员在对客户的服务过程中，一般应多用陈述语句和一般疑问句，少用或不用祈使句和反问句，多用委婉征询语气，少用或不用命令式语气，责己不责人，尽量把责任推给自己。

（2）非语言修养

要想树立良好的服务礼仪形象，非语言修养不容忽视，其内容主要包括以下方面：

1）衣着要得体。一个人的衣着是其修养和文明程度的外在标志，服务人员衣着整洁、合体，对客户有导向和潜移默化的影响。不修边幅、衣冠不整、蓬头垢面则会带来许多负面影响。

2）仪表要大方。如果一名服务人员仪表端庄、气质高雅、学识渊博，能做到有问必答、笑脸相迎、主动服务，那么客户就会愿意与之交谈、接受帮助，从而更好地进行双方的合作。

3）举止要文明。服务人员在工作中，要注意服务行为中每个动作的礼貌性，态度要温和，行为要端正。

4）心境要良好。服务人员在服务工作中要始终保持良好的心境。良好的心境来源于自身的虚心修炼、准确的职业定位和丰富的经验。具有良好的心境，就会有温文尔雅、平心静气、和蔼可亲的态度，仪表也会越自然、不矫揉造作。另外，在出现矛盾时，良好的心境还有助于理智、平心静气地去解决问题。

二、汽车服务礼仪

汽车服务礼仪包括汽车销售礼仪和汽车售后接待礼仪两方面。

1. 汽车销售礼仪

作为汽车销售人员必须懂得客户的心理需求，想要提供良好的服务，要掌握汽车销售服务礼仪、销售流程、销售技巧等，通过礼仪将自己最优秀、最真诚的一面展现给客户，具备丰富的专业知识，以顾问的角色为客户做专业咨询，深入浅出地为客户讲解专业汽车知识，让客户对汽车更了解、更感兴趣，最终促成汽车交易。

（1）汽车销售礼仪的要求

1）汽车销售服务礼仪必备——微笑

销售人员首先要具备的销售服务礼仪条件是一副亲善的笑容及一份对客户的热诚。诚挚热情是打破与客户之间障碍的有效方法，礼貌亲切的笑容散发出的能量，会使销售人员有如天赋神力，使客户做出认购决定；即使客户不能成功认购，也会留下深刻的印象，为下次认购做好铺垫。

2）汽车销售人员仪态要求

作为销售人员，仪态很重要，一个人的形象，最直观的表现方法就是通过仪态展现出来，这里仪态主要包括两个方面，即站姿和走姿。站姿要做到头正、肩平、臂垂、躯挺、腿并拢；走姿要做到头正、肩平、躯挺、步位直、步幅适当、步速平稳，防止八字步或低头驼背。

（2）文明销售服务礼仪

文明销售服务礼仪主要体现在礼貌和规矩上，一个人的修养水平高低完全由文明销售服务礼仪体现，大致可以从以下几个方面衡量：是否善于聆听他人的言谈；是否言谈中从不流露出对自己的雇主、公司、朋友或熟人有不尊敬或不满意的态度；是否具有幽默感，谈话风趣；是否对公司和产品充满信心；是否能在客户面前杜绝吸烟等不良嗜好。

2. 汽车售后接待礼仪

汽车售后是汽车销售后续服务，是优质服务的集中体现，只有后续服务到位，客户在用车时才会无顾虑，才能体会到购买该品牌车辆的优越感，无形中促进了该品牌汽车的营销。

（1）始终保持衣着整齐、洁净

与人初次见面时会给对方留下第一印象，第一印象涉及的主要因素之一就是外表，如果想给客户留下良好的印象，衣着整齐、洁净是很重要的。

（2）微笑待客

微笑传递信息。笑容能给工作带来方便，家庭带来幸福，给生意带来兴隆。在恰当的时间、场合，一个简单的微笑可以创造奇迹，微笑绝不会令人失望。

（3）友好地向客户做自我介绍

创造一种友好的气氛是最基本的，不要让客户不知道与谁交谈而为难，主动做自我介绍，可以与客户建立良好的沟通氛围。

（4）真诚待客

客户将车辆送到修理厂，是基于对修理厂的信任，相信车辆在这里会得到全方位的维修。不要敷衍和抱怨，过多的理由会使客户对你的工作能力产生怀疑，应多关心客户，了解他们的车辆出了什么问题，急需为他们提供哪些服务，及时解决客户关心的问题。

（5）勿让客户久等

合理安排车辆维修时间，减少客户的等待时间，让客户享受温馨的休闲服务。

【案例分析】

张同学通过本节课程的学习，明白了车辆维修企业必须为客户提供优质服务的重要性，这些服务项目是通过维修接待人员与客户的交流活动实现的，只要交流活动有人的参与，就会伴随服务礼仪的展现。服务礼仪是一个人综合素质的体现，提高服务人员的礼仪水平，需要全方位提高服务人员的综合素质。从事服务行业的人员必须从语言、着装、行为等方面展现自身素质和企业文化，按照礼仪规范完成相关的服务流程，让客户感觉到暖心、放心。

【评价与讨论】

一、自评与互评

结合本节学习目标，对知识掌握情况进行自评与互评，见表4–4。

表4–4　　自评与互评

评价内容	自评	互评
能否准确叙述礼仪的概念和内涵（30分）		
能否准确叙述服务礼仪的要求（30分）		
能否准确叙述汽车服务礼仪的内容（40分）		
总评（学生自评40%+小组互评60%）		

二、小组讨论

1. 学习服务礼仪应着重注意哪些方面?
2. 要做好汽车销售礼仪和汽车售后接待礼仪应学习哪些方面的内容?

第五节　汽车维修企业质量管理

学习目标

1. 理解汽车维修企业质量管理的基本任务、基本宗旨和指导思想。
2. 掌握汽车维修企业质量管理机构及其主要职责。
3. 掌握汽车维修企业的任务合同管理。
4. 掌握汽车维修企业的服务流程。
5. 掌握汽车维修企业的三级质检。

【案例导入】

质量是企业的生命。汽车维修质量与服务质量不仅关系到汽车行驶的安全性和经济性，也关系到汽车维修企业的信誉和效益，决定着企业的生存和发展。汽车维修质量与服务质量不仅取决于企业的维修技术，更取决于企业的人员素质与工作质量，它是汽车维修企业各项生产经营管理的综合反映。因此，质量管理是汽车维修企业生产经营管理的中心环节。汽车维修企业质量管理的基本任务和职责是什么？如何根据质量管理体系的基本要求组织企业的生产经营，在汽车维修的各环节中把好质量关？汽车维修企业质量检验的依据是什么？张同学带着这些疑问，进入本节内容的学习。

【知识准备】

一、汽车维修企业质量管理的基本任务

汽车维修质量管理是维修企业为了保证和提高汽车维修质量而进行的计划、组织、协调和控制活动，它是汽车维修企业管理的重要内容之一。汽车维修企业质量管理的基本任务主要有以下几点：

1. 加强质量管理教育，提高全体员工的质量意识，牢固树立质量第一的观念，做到人人重视质量，处处保证质量。

2. 制定企业的质量方针和目标，对企业的质量管理活动进行策划，使企业的质量管理工作有方向、有目标、有计划。

3. 严格执行汽车维修质量检验制度，对维修车辆从进厂到出厂的维修全过程、每一道工序均实施严格的质量监督和质量控制。

4. 积极推行科学、先进的质量管理办法，建立健全汽车维修质量保证体系，从组织上、制度上和日常工作管理上，对汽车维修质量实施系统的管理和保证。

二、汽车维修企业质量管理的基本宗旨和指导思想

1. 质量管理的基本宗旨

质量管理的基本宗旨是“一切为了客户，为客户服务”。企业的生产经营管理不仅要坚持质量第一的方针，把客户的需求和利益放在产品生产的首位，而且在评价企业的产品质量时，也应该从客户的立场去客观评价。汽车维修企业全面质量管理的宗旨就是要在汽车维修全过程中对客户负责，全面贯彻技术标准，动员全体职工都来关心和保证产品质量与服务质量，从而为客户多、快、好、省地提供优质服务。

2. 质量管理的指导思想

（1）质量第一，预防为主

质量是做出来的，不是检出来的。全面质量管理必须要突出人的因素，充分体现以预防为主、防检结合的经营管理思想，从而将全面质量管理变成更加积极主动的企业管理。企业必须以质量求生存，以质量求发展。

（2）为客户服务，以客户满意为目的

全面质量管理充分体现了“为客户服务，以客户满意为目的”的经营管理思想，使企业的每个员工在生产经营管理全过程中都把“为客户服务”放在企业一切工作的首位。

（3）持续改进的理念

全面质量管理必须根据客户的满足与要求持续改进，只有持续改进，不断循环，才能使企业业绩不断上升，并在严峻的市场竞争中不断发展壮大。

三、汽车维修企业的质量管理机构及其主要职责

1. 质量管理机构

交通部于1991年颁布的《汽车维修企业质量管理办法》规定，汽车维修企业必须建立健全与其维修类别相适应的质量管理机构。质量管理机构的设置应根据企业的性质而定。一、二类企业应建立由企业技术负责人、专职质量检验员、技术总监、总工程师组成的质量管理小组。一类汽车维修企业还应单独设置质量管理部门，其他汽车维修企

业应选择技术水平较高、懂管理的人员负责质量管理。

2. 质量管理机构的主要职责

（1）贯彻执行上级有关部门制定的关于汽车维修质量管理的法规制度和方针政策，并贯彻执行国家和交通部颁布的汽车维修技术标准和质量标准。

（2）制定本企业的质量管理制度和质量责任制度。

（3）加强企业产品和服务质量管理基础工作。

（4）建立健全汽车维修企业内部的质量保证体系，并掌握质量动态，进行质量分析和质量评审，搞好维修后的技术服务，推行企业的全面质量管理。

（5）加强汽车维修全过程的质量检验，并明确各级质量检验人员的责任。

四、汽车维修企业的任务合同管理

签订维修任务合同书是汽车维修企业质量管理的重要环节，对汽车维修质量起重要作用。车辆进厂维修前，业务接待人员要和客户进行车辆交接，签订维修任务合同书，记录车牌号、车辆 VIN 码、行驶里程、燃油量、车辆内部损伤情况、车辆外部损伤情况等，提醒驾驶员将驾驶证、行车证和车上所有贵重物品带走。若车辆是第一次到厂维修，应及时建立车辆维修档案；若车辆是后续的维护保养或维修作业，应及时调取管理系统中存储的资料，找出车况等信息，并根据客户现在的维修需求，签订维修任务合同书并填写接车检验单。

1. 签订维修任务合同书

维修任务合同书是客户委托维修企业进行车辆维修的合同文本，也称维修合同，任务合同书的内容见表 4–5。

维修任务合同书一般有两联，其中一联交付客户，可作为客户提车时的凭证；另一联由维修企业内部使用，也可作为维修车间内部派工以及维修人员领取配件材料的依据。与客户签订维修任务合同书时，应当向客户解释清楚维修任务合同书的内容，特别是维修项目、预估修理工时费和材料费以及预计完工时间。

若车辆只是一般性维护，可以直接与客户签订维修任务合同书。如果进厂车辆进行故障维修，业务接待人员应对客户车辆进行技术性检查和初步故障诊断，验证故障现象是否同预约中描述的相同，根据故障现象判定故障原因，必要时还要请技术人员进行仪器检测和会诊，拟定维修方案，最后再打印出维修任务合同书，请客户签字。

2. 填写接车检验单

业务接待人员与客户共同对车辆进行检查验证，检查完成后，填写接车检验单，请客户在接车单上签字确认。

表 4-5　　×××特约服务站维修任务合同书（样表）

客户姓名　　　　委托书号
联系电话　　　　送修日期
服务站电话　　　约定交车

牌照号	VIN 码	颜色	行驶里程	发动机号	生产日期	燃油量	其他
维修工位	维修项目名称		性质	工时	工时费	主修人	备注
备件估价							

检查员＿＿＿机修＿＿＿钣金＿＿＿喷漆＿＿＿
注：客户凭此提车，请妥善保管。
站长
地址　　　　服务顾问
说明　请您带走随车贵重物品
同意以上的维修项目及费用请签字
请您结清费用后取车　　　　客户签名＿＿＿＿＿＿

姓名 工序	自检	互检	备注	增加修理项目	应修但未修项目 （服务站为了您的行车安全，特别提醒）
机修					
钣金					
喷漆					
路试				客户签名	客户签名

五、汽车维修企业的服务流程

汽车维修作业包括预约、准备工作、接车处理、维修作业、交车准备、结算 / 交车、跟踪回访七个环节，这是汽车维修企业的标准服务流程，如图 4-2 所示。

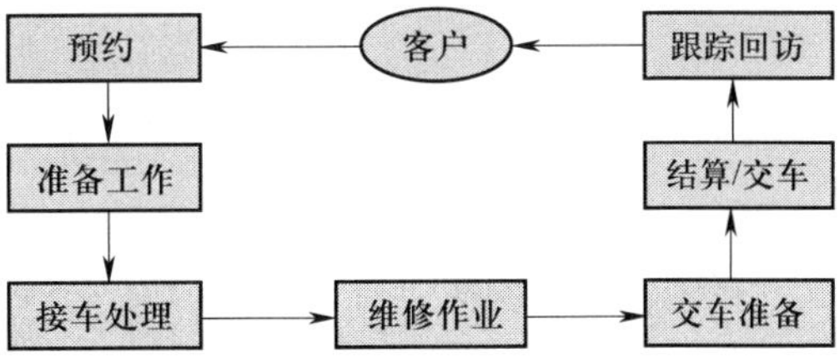

图 4-2　汽车维修企业的标准服务流程

1. 预约

预约服务能均衡维修企业的维修生产，使客户有计划、有秩序地进厂维修。同客户的预约一般通过电话来实现，预约人员与客户预约通话时，应当及时做好记录汇总，以便有据可查。

2. 准备工作

预约人员与客户做好预约后，应及时通知业务接待人员，以便在客户到来之前做好必要的准备工作，以免影响维修工作效率和质量。准备工作属于流程中的内部环节，与客户并无直接接触。业务接待人员需及时通知维修车间与配件部门做好相应的准备工作，维修车间、配件部门也应对业务接待人员的工作给予积极支持和配合。

3. 接车处理

接车处理属于服务流程中与客户接触环节，业务接待人员将与客户进行沟通交流。业务接待人员应当注重形象与礼仪，并善于与客户进行有效沟通，体现出对客户的关注与尊重及高水平的业务素质。在此环节中，最主要的两项工作是与客户签订维修任务合同书和接车检验单，如图 4-3 所示。

图 4-3　业务接待人员在接待客户

4. 维修作业

业务接待人员通过任务委托或派工单将维修作业安排给维修车间，维修作业属于汽车维修企业的内部环节，维修企业的经营业绩和车辆维修的质量主要由此环节决定，因此这个环节是维修企业质量管理的核心环节。为保证维修质量和效率，汽车维修企业应将以下几方面做到实处：

（1）维修人员接到派工单后，应当全面、准确地完成维修项目，不应超出维修范围进行作业。如发现维修内容与车辆的实际情况不完全相符，需要增加、减少或调整维修项目时，要及时通知业务接待人员，由业务接待人员及时通知客户，取得客户同意后，重新估算维修费用及完工时间，更改派工单中的维修内容并办理签字手续。

（2）维修人员应具备比较丰富的汽车理论知识与实践经验，受过专业培训并取得维修资格后上岗。在维修过程中要严格遵守维修操作规程、工艺规范和技术标准，并做好工位自检和工序互检。

（3）维修人员在作业中应爱惜客户的车辆，注意车辆的防护与清洁，作业中需要给车辆安装翼子板护垫、座椅护套、脚垫等防护用具。

（4）维修作业时应注意文明生产、文明维修，做到零件、工具、油水“三不落地”，随时保持维修现场的整洁，保持维修企业的良好形象。

5. 交车准备

在汽车维修作业结束后，要做好交车准备，包括质量检查、车辆清洁、准备旧件、完工审查等。

（1）质量检查

质量检查有助于发现维修过程中的失误和验证维修的效果。维修人员将车辆维修完毕，先进行自检，自检完成后，交班组长检验，然后需由质检员或技术总监进行检验并填写质量检查记录。如果涉及转向系统、传动系统、制动系统、悬架系统等行车安全的维修项目，必须交由试车员进行试车并填写试车记录。

（2）车辆清洁和准备旧件

车辆维修完毕，由主修人员对车辆进行清洁，并收集和包装由客户带走的旧件，通知业务接待人员接车。

（3）完工审查

完工审查由业务接待人员完成，主要内容是核对维修项目、工时费、配件数量、材料费是否与估算相符，完工时间是否与预计相符，故障是否完全排除，车辆是否清洁，旧件是否准备好。若一切就绪，就可以通知客户来取车了。

6. 结算 / 交车

结算 / 交车环节是服务流程中与客户接触的环节，由业务接待人员来完成。业务接待人员在对维修竣工车辆验收合格后，应完善维修记录、结算维修费用、开具发票、办理出门证、清洁车辆并准备旧件等，最后通知客户接车。若实际费用与维修费用差异过大，业务接待人员应主动向客户解释，交车时业务接待人员还应告知客户使用注意事项和下次维修的时间或里程。

7. 跟踪回访

当客户提车离厂后，维修企业应在两天内进行跟踪回访，回访人员要做好回访记录，作为质量分析和客户满意度分析的依据。

六、汽车维修企业的三级质检

汽车维修企业的三级质检是指根据质量检验规范，借助于某种手段，对被测对象

（如汽车、总成或零部件）的质量特性进行相应的检测和诊断，并将实际检测结果与质量验收标准相比较，判定其是否合格，最后做出质量判断并提出处理意见。质量检查是出厂竣工检验工序的关键一步，包括报修项目或者整车进行静态和动态的检查验收。整车检查和检测路试后再进行车辆验收，填好出厂检验记录，签发出厂合格证，办理交接手续。

1. 汽车维修质量三级质检

三级质检工艺的检验过程包括工位自检、工序互检和专职检验。

（1）工位自检是指维修人员对所承修的作业项目进行的自我检查。

（2）工序互检是指维修人员相互间对所承修的作业项目进行检查。互检的形式有班组质检员对本组人员的抽检，有下道工序对上道工序的检验，有工序中的互相检验等几种方式。

（3）专职检验是指专职检验员对维修质量的检验，包括对维修过程中关键工序的检验，对材料、配件的入库检验，对竣工车辆的出厂检验等。

2. 汽车维修质量检验标准

汽车维修质量检验标准和技术规范是进行汽车维修质量检验的依据。汽车维修企业和汽车维修质量检验人员必须认真贯彻国家和交通部颁布的汽车维修有关技术标准和技术规范及相关的地方标准，严格按照标准和技术规范指导汽车维修作业和汽车维修质量检验，保证汽车维修质量。有条件的企业还应当依据国家标准、行业标准、地方标准的要求制定企业技术标准，不断提高汽车维修质量。

3. 汽车维修质量特性的评定参数

汽车维修质量是由一系列质量特性来表现的，其检测评定项目和参数主要有以下内容：

（1）一般技术要求。主要包括汽车外观、附件、装备、车身密封情况等。

（2）发动机性能及运转状况。主要包括气缸压力、发动机功率、发动机转矩、发动机燃油消耗率、机油压力及起动性能、怠速性能、尾气排放性能、异响、有无泄漏情况等。

（3）汽车动力性能。主要包括底盘输出功率、汽车加速时间、滑行性能等。

（4）汽车燃料经济性能。用汽车等速百公里油耗量评价。

（5）制动性能。主要包括制动距离或制动力、驻车制动器性能等。

（6）转向操纵性能。主要包括转向轮侧滑量、前轮定位、转弯直径、转向盘操纵力等。

（7）传动系统工作状况、噪声以及灯光信号等。

【案例分析】

汽车维修质量包括维修技术质量和服务质量两方面。从技术角度讲，汽车维修质量是指汽车维修作业对汽车完好技术状况和工作能力维持或恢复的程度；从服务角度讲，汽车维修质量是指客户对维修服务的态度、水平、及时性、周期性以及收费等方面的满意程度。

要在汽车维修过程中把好质量关，首先要提升维修企业的管理水平，需要根据企业的实际情况，合理编制组织机构，制定各部门的岗位职责，紧密围绕提升服务质量这一关键点，组织企业的生产和经营。其次，做好汽车维修作业的服务流程管理，做实预约、准备工作、接车处理、维修作业、交车准备、结算/交车、跟踪回访七个环节，把握车辆维修工艺的每一步。最后，实施汽车维修竣工的三级质检评价制度，对报修项目或整车进行静态和动态的检查验收，填好出厂检验记录，签发出厂合格证，办理交接手续，做到"事事有人管、人人有专职、办事有标准、工作有检查"，由此建立起一套完整而严密的、以质量责任制为核心的质量考核办法和质量管理制度。

【评价与讨论】

一、自评与互评

结合本节学习目标，对知识掌握情况进行自评与互评，见表4–6。

表4–6　　自评与互评

评价内容	自评	互评
能否理解汽车维修企业质量管理的基本任务、基本宗旨和指导思想（20分）		
能否准确叙述汽车维修企业质量管理机构及其主要职责（20分）		
能否准确叙述汽车维修企业的任务合同管理（20分）		
能否准确叙述汽车维修企业的服务流程（20分）		
能否准确叙述汽车维修企业的三级质检（20分）		
总评（学生自评40%+小组互评60%）		

二、小组讨论

1. 汽车维修企业提升质量管理水平的重要意义有哪些？

2. 客户到汽车维修企业维修车辆须签订哪些合同？如何做好汽车维修企业的任务合同管理？

3. 如何把好汽车维修企业车辆出厂的质量检验关口？

第六节　汽车维护技术管理

学习目标

1. 掌握汽车维护的分类。
2. 掌握汽车维护的主要内容。
3. 掌握汽车维护的竣工验收。

【案例导入】

随着汽车技术的发展，汽车维修制度发生了巨大变化，由原来以汽车大修为主、定期保养为辅的修理模式，逐渐过渡到以定期维护与保养为主的模式。汽车维修模式的转变引起了张同学的思考：车辆根据制造厂提供的保养周期，通过定期的维护与保养，是否能够确保汽车保持良好的使用性能？现代汽车维护与保养是如何分类的？如何对维修后的车辆进行验收才能让客户放心呢？带着这些问题，他进入了本节内容的学习。

【知识准备】

汽车维护技术管理的目的是保持车辆良好的技术状况，保证车辆使用性能安全、可靠，汽车在行驶一定里程或使用一段时间后，应根据汽车维护技术标准，按规定的工艺流程、作业范围、作业项目、技术要求进行预防性的维护作业。汽车维护作业的内容主要有清洁、补给、润滑、紧固、检查、调整等项目，同时还包括发现和消除汽车运行故障和隐患等。

一、汽车维护的分类

汽车维护作业可分为定期维护与特殊维护，其中定期维护是指在汽车寿命周期内，根据汽车各级维护的运行间隔强制进行的汽车维护作业，包括日常维护、一级维护、二级维护；特殊维护包括季节性维护、走合维护等，如图 4–4 所示。

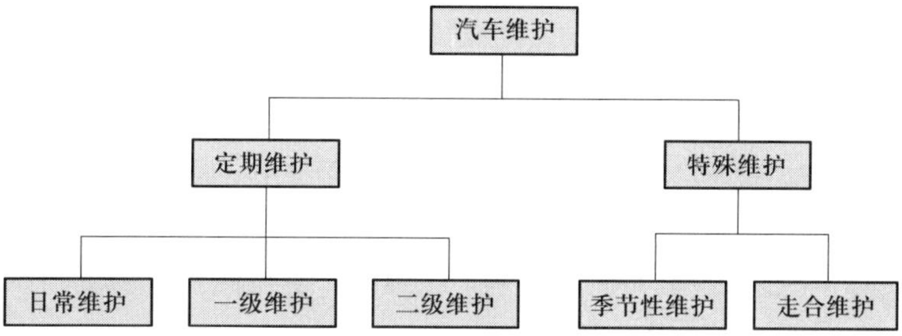

图 4–4　汽车维护的分类

1. 定期维护

（1）日常维护

日常维护是驾驶员为保持汽车正常工作状况进行的经常性作业项目，其作业的中心内容是清洁、补给和安全检视，通常是在每日出车前、行车中和收车后进行的车辆维护作业。

1）出车前检查

检查机油、燃料、冷却液等液位，必要时进行添加；检查发动机和仪表的工作情况；检查电气系统工作情况；检查传动系工作情况及连接情况；检查制动系、转向系工作及连接情况；检查行驶系工作情况，包括轮胎、半轴等螺栓的连接；检查轮胎气压；检查发动机及底盘各部分有无漏水、漏油、漏气和漏电。

2）行车中检查

停车时，检查轮毂、制动器、变速器、分动器、差速器的温度是否异常；检查润滑油、冷却液的液面高度，并确认是否存在泄漏；检查轮胎外表，通过观察轮胎外形判断轮胎气压是否正常，并清除胎面杂物。

3）收车后检查

检查燃油消耗数量，如润滑油、燃料、冷却液；检查照明、信号、雨刮等技术状况；检查发动机传动带松紧度；检查转向装置各部分连接状况；检查外露部位螺栓和螺母有无松动；检查轮胎气压，清除轮胎胎面杂物；清洁全车。

（2）一级维护

汽车一级维护是在车辆日常维护的基础上，客货车行驶间隔 1 500 ~ 2 000 km（或 10 ~ 20 天）、轿车行驶间隔 4 000 ~ 6 000 km 时，由专业维修技师对汽车安全部件的检查、维护作业。作业内容除日常维护作业外，以清洁、润滑、紧固为主，重点检查制动、操纵、照明、信号等安全部件。

一级维护作业项目除了汽车日常维护的作业项目外，还增加了按汽车润滑作业要求润滑全车各润滑点；检查和紧固汽车外部的各连接螺栓；清洗或更换机油滤清器、空气滤清器和燃油滤清器；更换发动机润滑油；检查发动机、动力传动装置的工作情况；检查制动系、转向系等控制机构的工作状况；检查悬架系统、传动带及各附件装置；清洗及调整油路、电路，排除汽车运行故障。

（3）二级维护

汽车二级维护是在车辆一级维护的基础上，客货车行驶每 10 000 ~ 20 000 km（或 2 ~ 3 个月）、轿车行驶每 40 000 ~ 60 000 km 后，对车况进行的较全面的检查、调整，以维持其良好的技术状况和使用性能。二级维护由维修企业负责组织实施，其作业内容除一级维护作业外，重点以检查、调整为主，并拆检轮胎进行轮胎换位和四轮定位。

汽车二级维护作业项目除了完成汽车一级维护的作业项目外，还增加了以下内容：

1）发动机部分。测量气缸压力，发现并消除发动机故障；检查及调整气门间隙；检查及调整油路、电路；检查冷却系、润滑系；检查并排除漏水、漏油、漏气和漏电故障；检查并紧固发动机各部分螺栓，检查及调整各传动带松紧度。

2）底盘部分。检查并调整离合器，检查变速器各齿轮及换挡机构工作情况，添加或更换润滑油；拆洗并润滑传动轴；执行半轴及万向节的定期换位；检查转向传动系统的连接部位，必要时更换转向球头总成；检查前束及四轮定位、最大转向角及转向盘松动量；调整车辆制动性能，检查制动管路，添加或更换制动液，检查及紧固底盘各部分的连接螺栓。

3）电气部分。检查蓄电池电压及电解液密度，进行常规性充电；检查充电系统性能；检查灯光及仪表，清理线路，检修转向灯和制动灯。

4）质量检验。按二级维护作业项目的技术要求进行综合性质量检验，检查各部分有无漏做的项目，确认维修质量情况，进行必要的路试检验。

2. 特殊维护

（1）汽车的季节性维护

汽车的季节性维护是指在入冬和入夏时，为使汽车适应季节的变化而实行的维护，其主要作业内容是按季节更换润滑油，更换冬季轮胎或夏季轮胎，更换冷却液，检查蓄电池性能，调整油路、电路，检查并维护冷却系统等。

（2）汽车的走合维护

走合维护是指对新车或大修车走合期实施的维护。汽车的走合期一般为 1 500 ~ 2 500 km，或按汽车使用说明书规定的里程执行。汽车在走合期的技术维护作业，除要求驾驶员特别注意做好日常维护外，还要求执行减载减速、及时更换各部润滑油，并经常紧固各部外露的螺栓、螺母，注意各总成的运行声响和温度变化，及时调整各部间隙。

二、汽车维护的主要内容

汽车维护的主要工作内容有清洁、检查、补给、润滑、紧固和调整等。

1. 清洁工作

清洁工作是提高汽车维护质量、防止机件腐蚀、减轻零件磨损和降低燃油消耗的基础，并为检查、补给、润滑、紧固和调整工作做好准备。其工作内容主要包括对燃油、机油、空气滤清器滤芯的清洁，汽车外表的养护和对有关总成、零部件内外部的清洁。

2. 检查工作

检查工作是汽车维护的重要内容之一，通过对汽车的检查，确定零部件的变形和损坏。其作业内容主要是检查汽车各总成和机件是否安全，连接是否紧固；是否有漏水、漏油、漏电和漏气等现象；利用汽车上的指示仪表、警报装置等随车诊断装置，检查各总成、机构和仪表等的技术状况；对影响汽车安全行驶的转向、制动、照明等工作情况应加强检查；汽车拆检或装配、调整时应对各主要部分的配合间隙进行检查。

3. 补给工作

补给工作是指在汽车维护中，对汽车的燃油、润滑油及特殊工作液体进行加注补充，对蓄电池进行充电，对轮胎进行补气等作业。要使汽车得到良好润滑，必须选用合适的润滑油（脂）型号及等级，并及时添加或更换润滑油。

4. 润滑工作

润滑工作是为了减少有关摩擦副的摩擦力，减轻机件的磨损。其工作内容包括按照汽车的润滑点和规定的周期，用规定牌号的润滑油或润滑脂进行润滑；各油嘴、油杯和通气塞必须配齐，并保持畅通；发动机、变速器、转向器、驱动桥等应按规定补充或更换润滑油。

5. 紧固工作

紧固工作是为了使各机件连接可靠，防止机件松动的维护作业。汽车在运行中，由于振动、颠簸、热胀冷缩等原因，会改变零部件的紧固程度，使零部件失去连接的可靠性。紧固工作的重点应放在负荷重且经常变化的各机件的连接部位上，并对各连接螺栓进行紧固和更换。

6. 调整工作

调整工作是保证各总成和机件长期正常工作的重要一环，调整工作的好坏，对减少机件磨损、确保汽车使用的经济性和可靠性有直接关系。其工作内容主要是按技术要求，恢复总成、机件的正常配合间隙及工作性能等作业。

三、汽车维护的竣工验收

汽车维护后进行竣工验收时，应按照维修手册的要求逐项检查，作业项目必须做好记录，涉及行车安全和机件损坏的故障，或在一个保养周期内存在隐患时，要耐心向客户解释，取得客户同意后再进行维修，确保车辆处于良好的工作状态，在竣工验收过程中，应该注意以下要点：

1. 更换的配件必须按工艺安装好，外表擦拭干净。

2. 检查油、液面后，必须清洁干净。

3. 确保发动机良好的点火正时，检查发动机尾气排放是否合格。

4. 检查发动机传动带的磨损情况和张紧状况。

5. 检查各部位有无松动，必要时进行紧固作业。

6. 检查制动踏板的自由行程、助力状况、驻车制动器使用性能。若更换制动片，要提醒驾驶员注意走合期，制动系统没有达到最佳效果，走合期内要轻踩制动踏板。

7. 检查轮胎气压和磨损状况，必要时进行轮胎换位调整。

8. 检查转向系统工作状况，转向系统操作应轻便灵活，方向盘自由行程适当，液压助力效果良好且管路无助力液泄漏。

9. 离合器操纵轻便，踏板位置适中，挂挡无异响，离合器无打滑、无抖动、分离彻底、结合平顺，液压操纵式换挡机构分泵、总泵无油液渗漏。

10. 机械式变速器换挡机构操作灵活、无异响；变速器行驶中不掉挡、无异响；齿轮油液面与观察孔下平面齐平。

11. 液压式自动变速器换挡平顺、无冲击，自动变速器管路和散热器无油液渗漏。

12. 发动机充电指示灯工作正常，蓄电池静态电压、起动电压、空载运行电压和负载运行电压正常，发电机转动无异响，连接线无破损且固定良好，张紧皮带使用性能符合原厂要求。

13. 起动机工作无异响，小齿轮正常工作无卡滞、无空转，接线柱连接可靠、接触良好、无发热，线路无破损。

14. 照明信号齐全、工作可靠，各仪表灯齐全有效，线束无破损，插头良好，大灯光照位置及光照强度符合行车安全要求。

15. 全车线束固定良好，无线头裸露，无自行改线，无跨接线路，保险接触良好且按照原厂配置。

16. 车身及附件外形尺寸符合原厂规定。

17. 车身构件无损伤、断裂或严重锈蚀，整形部件外形平整，曲面衔接变化均匀。

18. 内部饰件外观平顺、贴合、无凸凹，分段接口处平整并保持清洁。

19. 车辆油漆表面应平顺光滑、色泽均匀、色调协调、边界整齐。

完成车辆的维护与保养项目后，以上项目均验收合格，做好相关的维修记录，经维修技师、班组长和质检员三方签字认可，经验车和交车程序后再将车辆交予客户，确保车辆的维修质量。

【案例分析】

汽车维护分为定期维护和特殊维护，其中定期维护包括日常维护、一级维护和二级维护，特殊维护主要是车辆的走合维护和季节性维护。汽车的日常维护由驾驶员完成，汽车的一级维护、二级维护、走合维护和季节性维护则由汽车维修企业的维修技师完成。维护过程中维修技师精心作业，将车辆保养至最佳状态，确保在一个使用周期内车辆基本上不会出现故障，作业完成后做好竣工验收工作，明确作业项目和检修内容，客户能体会到车辆保养作业的认真严谨，即可放心使用车辆。

【评价与讨论】

一、自评与互评

结合本节学习目标，对知识掌握情况进行自评与互评，见表 4–7。

表 4–7　　自评与互评

评价内容	自评	互评
能否准确叙述汽车维护的分类（20 分）		
能否准确叙述汽车维护的主要内容（30 分）		
能否准确叙述汽车维护竣工验收的要点（50 分）		
总评（学生自评 40%+ 小组互评 60%）		

二、小组讨论

1. 汽车维护项目是如何分类的?
2. 现代汽车定期维护作业的主要内容有哪些?
3. 如何做好车辆定期维护作业的竣工验收?

第七节　汽车维修企业的资产设备与零部件管理

学习目标

1. 掌握汽车维修设施的分类。
2. 掌握汽车维修设备管理。
3. 理解动力设备管理和能源管理。
4. 掌握汽车维修物资及零部件的分类。
5. 掌握汽车维修物资及零部件的采购、仓储和管理。

【案例导入】

汽车维修企业要提高服务质量，一定要配备适合维修车型的维修设备、检测仪器和零部件拆装工具等。作为一个品牌的特约维修站，须配备哪些维修设备、检测仪器和工量具呢？如何通过维修企业多部门协助，确保配件供应品质良好、价格合理、供货时间短？一个维修企业要存储哪些必要的配件、零部件和耗损品？汽车维修类物资如何组织采购、验货、仓储管理等工作，才能确保维修企业的物资供应及时，做到科学合理，不占用过多的资金和库存量？带着这些疑问，张同学进入了本节内容的学习。

【知识准备】

一、汽车维修设施的分类

汽车维修设施是在汽车维修或生产过程中，可供长期使用并能保持其物质形态的仪器或机械，汽车维修设施可分为汽车维修设备、工具和量具等几种类型。

1. 汽车维修设备

汽车维修设备是用于所有汽车维修企业的设备，主要按用途进行分类，有举升类设备、环保类设备、整形类设备、喷烤漆类设备、检测仪器和辅助设备等多种类型。

（1）举升类设备

汽车举升类设备主要用于汽车维修生产中将整车或总成举起或移位。常见的举升类设备有车辆举升机、发动机小吊车、发动机翻转架、移动式液压千斤顶等。

1）车辆举升机。举升机的作用是将车辆举起，以便检修、拆装底盘上或发动机下部的零部件，在维修生产中应用非常广泛。图 4–5 所示为双柱式举升机，图 4–6 所示为超薄剪式四轮举升机，图 4–7 所示为与四轮定位配套使用的子母剪式四轮举升机。

2）发动机小吊车及翻转架。图 4–8 所示为发动机小吊车，可以很方便地将发动机总成从车上吊起，并可移动，减少了维修工人的劳动强度，使用更安全、更方便。图 4–9 所示为发动机翻转架，可实现发动机检修作业。

3）移动式液压千斤顶（图 4–10）。主要用于轮胎更换作业。

图 4–5　双柱式举升机

图 4–6　超薄剪式四轮举升机

图 4–7　与四轮定位配套使用的子母剪式四轮举升机

图 4–8　发动机小吊车

图 4–9　发动机翻转架

图 4–10　移动式液压千斤顶

（2）环保类设备

环保类设备主要指尾气收集和废油收集设备，这些设备可收集有害气体和液体，有利于保护环境。图 4–11 所示为汽车维修车间尾气抽排装置，图 4–12 所示为废油收集装置。

图 4–11　汽车维修车间尾气抽排装置

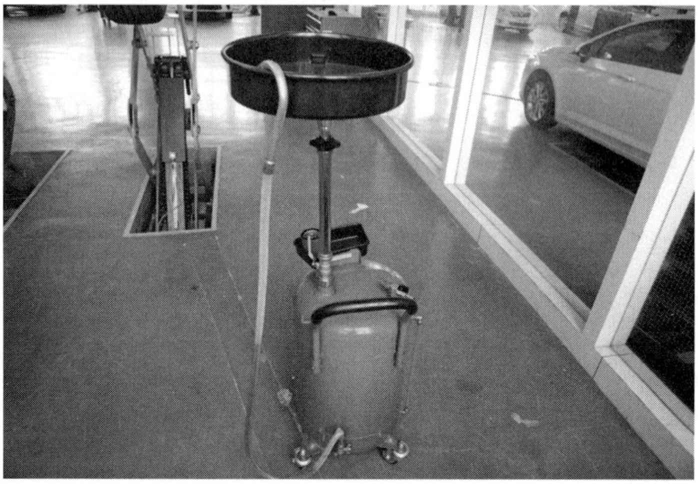

图 4–12　废油收集装置

（3）整形类设备

整形类设备主要用于事故车辆的修理作业及车辆变形部位的修复。图 4–13 所示为车身校正机，图 4–14 所示为车身外形修复机。

（4）喷烤漆类设备

喷烤漆类设备主要用于车辆完成钣金整形后，通过喷漆、烤漆等维修工艺，完成车身漆面的修复。图 4–15 所示为喷枪，图 4–16 所示为集中式无尘打磨机，图 4–17 所示为喷烤漆房。

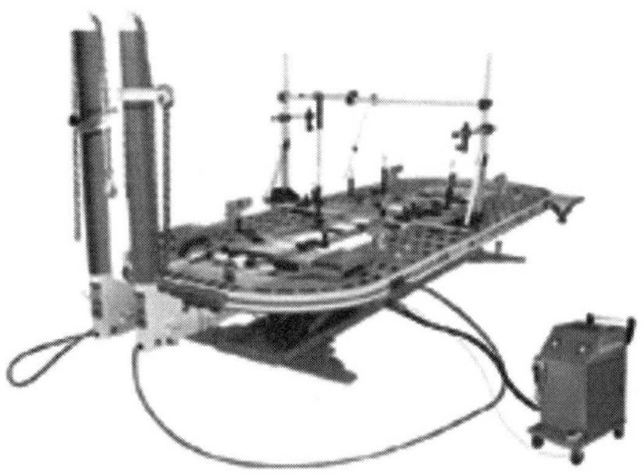

图 4–13　车身校正机

图 4–14　车身外形修复机

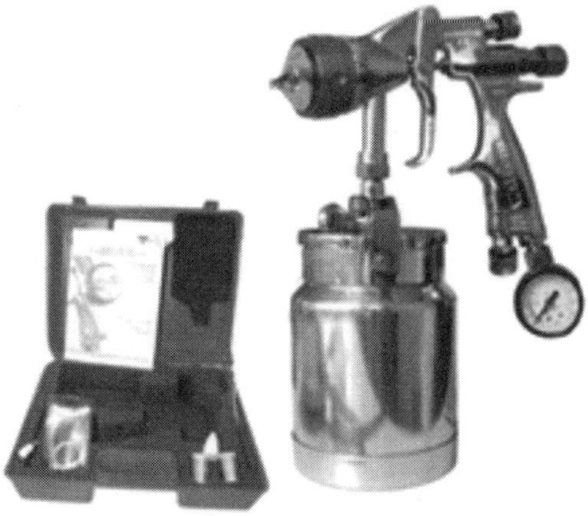

图 4–15　喷枪

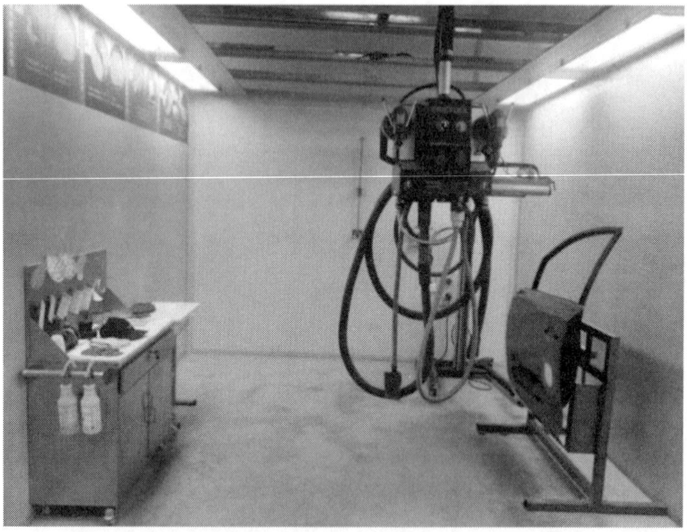

图 4–16　集中式无尘打磨机

图 4–17　喷烤漆房

（5）检测仪器

汽车检测仪器主要用于汽车维修前的故障诊断、维修过程中的零部件检测、维修竣工后的性能试验和车辆技术状况的检测，主要分为发动机检测诊断设备、底盘检测诊断设备、汽车电气检测诊断设备和零部件检测诊断设备等，发动机检测诊断设备主要用于检测发动机的性能或故障，主要有发动机性能检测仪、气缸漏气量检测仪、气缸压力表等，图 4–18 所示为发动机性能检测仪，可用来读取故障码和工作数据流；底盘检测诊断设备主要用于检测汽车底盘的性能状况，主要有车辆四轮定位仪、测滑试验台、制动试验台、车轮动平衡仪、自动变速器检测试验台等，图 4–19 所示为车辆四轮定位仪，可用来检测车轮前束值、车轮外倾、主销内倾角、主销后倾角等车辆定位参数；汽车电气检测诊断设备主要用于汽车电气系统的检测，主要有汽车电气万能试验台、前照灯检测仪、电控系统故障检测仪等。

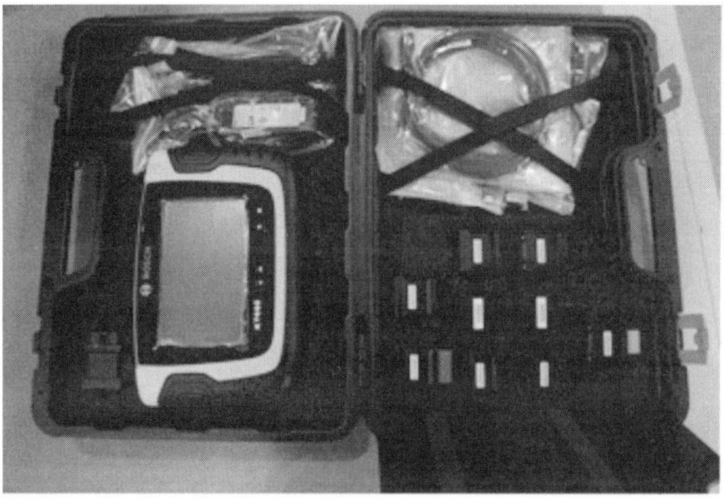

图 4–18　发动机性能检测仪

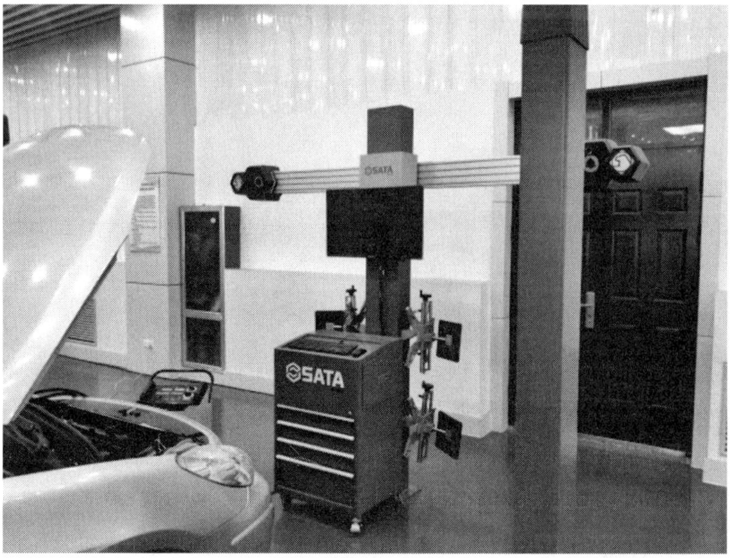

图 4–19　车辆四轮定位仪

（6）辅助设备

辅助设备在汽车维修生产中起必要的辅助性作用，是多位充注补给设备，如制冷剂回收加注机、空气压缩机、齿轮油加注机、制动液更换机等。图 4–20 所示为专用气体存放柜，图 4–21 所示为车辆清洗机。

图 4–20　专用气体存放柜

图 4–21　车辆清洗机

2. 汽车维修常用工具

汽车维修常用工具主要用于车辆维修的拆装作业，包括套筒扳手、开口扳手、梅花扳手、扭力扳手和旋具等，图 4–22、图 4–23、图 4–24 所示分别为套筒扳手、开口扳手、梅花扳手。

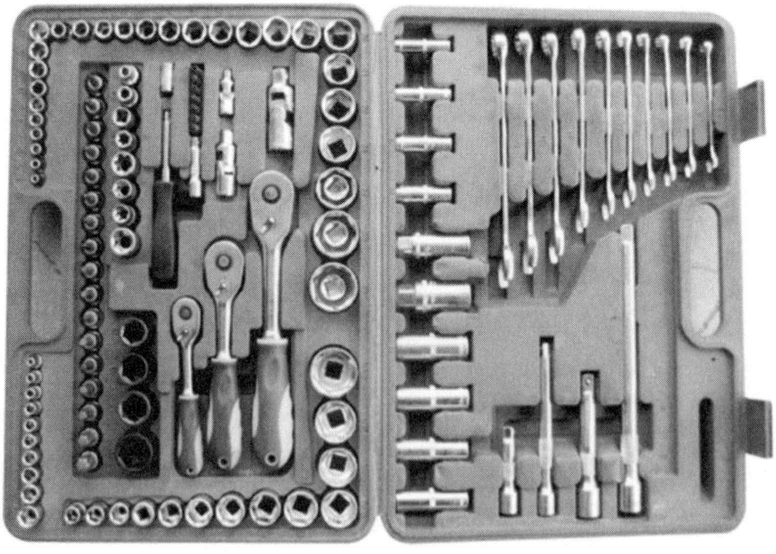

图 4–22　套筒扳手

图 4–23　开口扳手

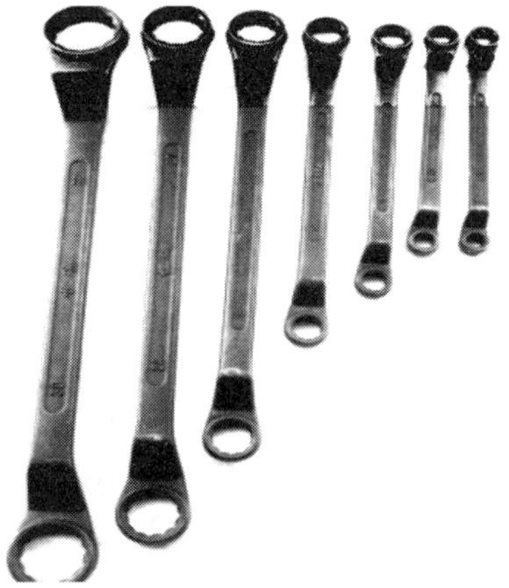

图 4–24　梅花扳手

3. 汽车维修常用量具

汽车维修常用量具主要用来鉴定零件的使用状况，包括游标卡尺、千分尺、内径百分表和塞尺等，图 4–25、图 4–26、图 4–27 所示分别为千分尺、磁性表座、百分表。

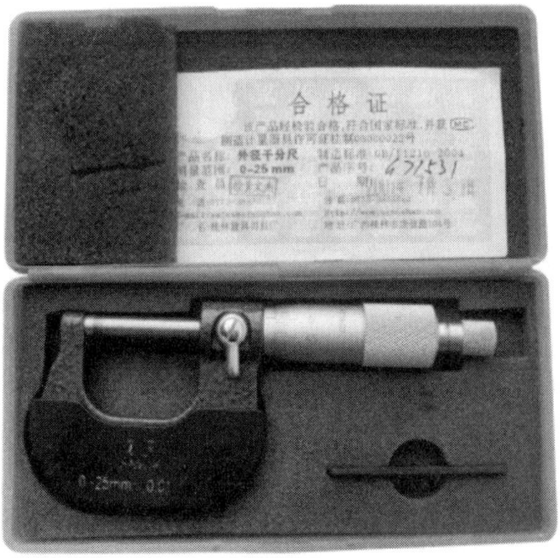

图 4–25　千分尺

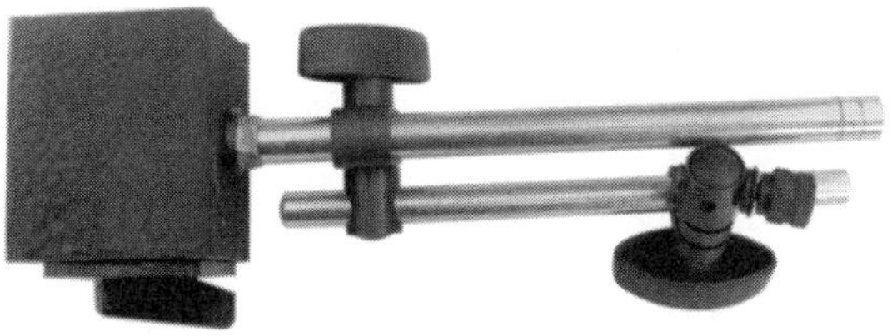

图 4–26　磁性表座

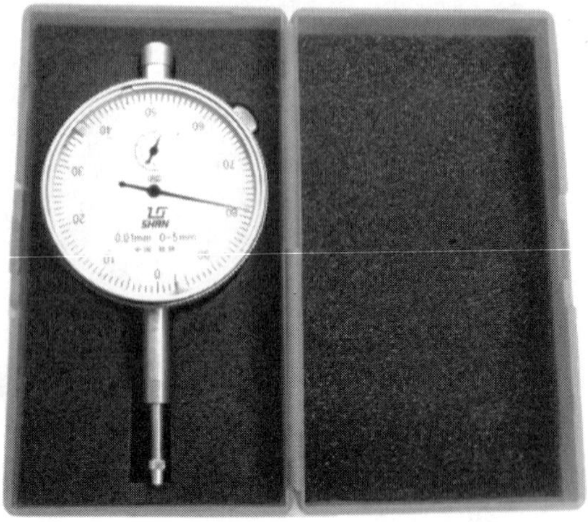

图 4–27　百分表

二、汽车维修设备管理

汽车维修设备管理可分为技术管理和经济管理两类，其中技术管理是指从技术的角度对设备的实体进行管理，如设备的选型购置、安装调试、使用维护、修理改造，直至更新报废的全过程管理，由技术部门负责；设备的经济管理则是指从经济的角度对设备资金和费用进行管理，如购置费、维修费和折旧费，由财务部门负责管理。

汽车维修设备管理的意义在于以最经济的手段保证设备、工具、仪器随时处于良好的技术状态，充分发挥其作用，为保证汽车维修质量和维修生产效率提供技术装备。

1. 设备的合理选择与购置

选购设备的一般原则是：

（1）生产上适用。所选购设备应符合汽车维修企业开业条件，并与所维修主流车型、企业规模与发展、维修能力以及动力和配件供应等相适应，并具有较高的生产率和利用率。

（2）技术上先进。所选购设备的基本性能应能满足提高工效和保证产品质量的基本要求。

（3）经济上合理。所选购设备应售价低、维修费用少、性价比高。

（4）所选购设备应具有较好的安全性、可靠性、环保性和耐用性。

（5）尽可能就近购置，优先选用国产设备或本地设备，且要求设备供应商具有良好的售后服务。

2. 设备技术状况的分类标准

设备技术状况经鉴定后，可分为以下几类：

（1）一类完好设备。是指技术性能及经济性能优良，能确保产品优良，各部机件、附件、仪表及工装夹具齐全完整，可随时投入使用的设备。

（2）二类尚好设备。是指主要机件或主要基准面虽然已经磨损，技术性能及经济状况也可能达不到原厂出厂标准，但尚能安全可靠运行、尚能保证加工精度，且机件、附件及工装夹具也基本齐全，尚可投入正常使用的设备。

（3）三类待修或在修设备。是指技术性能及经济状况已经显著恶化，耗能严重超标，不能正常使用、不能保证安全运行和加工精度的待修或在修设备。

（4）四类待报废设备。是指损伤严重、无法修复使用或无修复价值的设备。

3. 汽车维修设备的合理使用

汽车维修设备的合理使用，是保持设备处于良好技术状况，充分发挥其工作效率，延长其使用寿命，并保证汽车维修质量、降低汽车维修成本的重要环节和管理基础。为此，汽车维修企业必须根据设备的使用特点，建立设备的合理使用制度。

（1）开展爱护设备的宣传教育

合理使用设备的四项基本要求是：整齐、清洁、润滑、安全。为此，设备管理部门应积极开展爱护设备的宣传教育，在管好、用好设备的基础上定期开展以机况鉴定和日常使用维护为主的竞赛活动。

（2）遵守设备的合理使用规定

1）实行定机、定人、定岗的“三定”责任管理制度，以贯彻谁使用、谁保管、谁维护的原则，保证设备的技术状况良好和附件齐全有效。

2）合理配备操作人员、进行岗前培训。由主管部门根据设备操作要求相应配备设备主操作人，并明确设备的日常管理及使用维护应由主操作人负责。

3）严格执行设备的使用纪律。设备管理部门应对设备主操作人进行岗前应知应会的技术教育、技术培训及技术考核，并严格执行凭操作证使用设备、经常保持设备清洁、遵守设备交接班制度、管理好工具和附件、发现异常立即停机，严格按照设备使用说明及安全技术操作规程进行规范操作和定期维护。设备主操作人还应在设备管理部门的指导下，完善在用设备的使用过程记录。

4）在设备使用过程中，还应根据设备的技术性能和结构特点适当安排任务，严禁精机粗用和违章操作，严禁超速超荷。若设备发生故障，应立即停机检查和排除。

（3）实施设备安全技术操作规程

安全技术操作规程的内容除包括设备管理规程、安全规程、技术规程及操作规程外，还包括设备润滑注油规定、设备使用维护注意事项、使用设备的严禁事项和事故处理紧急步骤等。

（4）为汽车维修设备创造工作环境和条件

安装汽车维修设备的厂房应整洁、宽敞、明亮，配备必要的防尘、防潮、恒温、通风设施。

4. 汽车维修设备的维护和修理

维修设备和车辆一样，也要遵循“定期检测、强制维护、视情修理”的原则，以确保维修设备完好率。

（1）汽车维修设备的维护

1）汽车维修设备的维护分类。可分为日常维护、一级维护（季度维护）和二级维护（年度维护）三级，维护周期可根据设备的分类及其使用率而定。

①日常维护。汽车维修设备的日常维护应做到经常化和制度化，由主操作人负责。操作者在使用前对设备进行检查、清洁、润滑、试运转；运行中严格按照安全技术操作规程使用设备，发现故障及时排除；运行后对设备认真清洁、润滑、紧固、调整，并做好日常运行记录。

②一级维护。当设备累计运行 450 ~ 500 h（单班制 3 个月）时，以设备主操作人为主，机修工为辅进行的维护。其作业内容除了包括日常维护作业内容外，还要对设备进行局部或重要部位的拆卸和检查，彻底清洗设备外表面和内部，以调整、紧固为主，并做好维护记录。

③二级维护。当设备累计运行 2 400 ~ 2 500 h（单班制 12 个月）时，应以机修工为主，主操作人配合，对汽车维修设备进行部分解体检查和修理，更换或修复磨损件，清洗、换油、检修电气控制部分，并调整、恢复其性能和精度，做好维护记录。

2）汽车维修设备维护的四项要求

①整齐。工具、工件、附件整齐，安全防护装置齐全，线路、管道完整。

②清洁。设备内外清洁，各滑动面、丝杆、齿轮、齿条无油污和碰伤，无泄漏，污物除净。

③润滑。按时加（换）油，油质正确，油具、油杯、油毡、油线清洁齐全，油标明亮。

④安全。实行定人定机和交接班制度，熟悉设备结构，遵守操作规程，精心保养，防止事故发生。

（2）汽车维修设备的修理

汽车维修设备的修理可分为小修、专项修、大修以及事故性检修等。

1）小修。指设备在日常使用过程中由于自然原因损坏而进行的故障排除及零星修配，其目的是恢复其使用性能。设备小修原则上由主操作人负责完成，但若主操作人有困难，可由机修工协助完成。日常维修记录由主修人填报，并归档存查。

2）专项修。对于精密设备和重要关键设备还需要进行有针对性、预防性的检查、调整和修理，以恢复设备的使用性能和精度。

3）大修。设备大修属于彻底恢复性修理。大修时应做好以下工作：全部解体并进行零部件分类检验；修复可修件，更换可换件，清洗和调整可用件；恢复基础件，修理基准面，调整基准坐标及配合间隙；整理、检修或更换电气线路；维护及检修电动机；总装配后进行试运转及磨合试验，配齐全部附件及全部安全防护装置，修饰外表并防锈，从而使设备尽可能达到原出厂技术标准，达到规定的形位公差及配合要求，彻底恢复机况。

4）事故性检修。指设备因使用或操作的技术责任原因而发生异常损坏所需要的修复。一旦发生事故性检修，必须严加控制，应按技术责任事故追查原因、分清责任，不得随意扩大作业范围。

5. 设备的台账、卡片和技术档案

为了便于清点、保管、统计和核对设备，汽车维修企业必须建立设备台账、卡片和技术档案，这是汽车维修企业设备管理的重要手段。

（1）设备台账

设备台账是企业用以记录设备资产，反映设备资产增减情况的账目。设备台账的记录形式为：

1）按设备类别，如车床、钻床、镗床等。

2）按车间或班组逐台登记，以便掌握全厂或各车间、各班组的设备装备状况和分布状况。

（2）设备卡片

设备卡片是指企业管理人员用来登记设备资产的活页卡片，一台一卡，方便查阅。设备卡片上应记载有设备的简要档案，并按设备分类和编号统一顺序装夹。为了更好地掌握设备动态状况，在设备上也应悬挂设备卡片，并用不同的卡片材质来表示设备的类别，用不同的颜色来表示设备的状况。

（3）设备技术档案

设备技术档案是用以反映设备技术性能和基本状况的重要资料，其内容包括设备名称、规格、型号、厂家、出厂时间、原出厂编号和本企业编号，设备主要技术参数和性能，原有附件、配件、工具、量具、刃具、模具的名称和数量，分属单位和使用、保管人，各次维修情况及换件记录，各次检查鉴定结论，所发生过的技术责任事故或重大故障的次数、原因、责任人和处理结果等记录。

6. 汽车维修设备的更新和报废

设备在使用过程中总是会有磨损的，设备的磨损形式分为有形磨损和无形磨损两种。有形磨损需要补偿，磨损的形式不同，补偿的形式也就不同。补偿分为局部补偿和整体补偿。设备有形磨损的局部补偿是设备的维护和修理，设备无形磨损的局部补偿是设备改造和技术升级。有形磨损和无形磨损的整体补偿是设备的更新。

汽车维修设备在使用中随着时间的延长、磨损的发生，其使用性能不断下降，虽经修理，仍满足不了维修工艺的要求时；随着汽车制造业的不断发展，高性能、高度电子集成化的新车型不断出现，原有的维修设备虽然没有发生太多的磨损，但已不能满足维修技术的需要时，就必须要对设备进行更新或升级。

维修设备凡有下列情形之一者，均可更新或报废：

（1）经过大修已不能满足维修工艺要求的汽车维修设备。

（2）技术性能落后，经济效益差，已无修复价值的汽车维修设备。

（3）耗能多或污染环境，危害人身安全与健康，进行技术改造升级不经济的汽车维修设备。

（4）因灾害或意外事故，设备受到严重损坏，已无法修复的汽车维修设备。

三、动力设备管理和能源管理

动力能源是汽车维修企业进行汽车维修的重要物质基础，动力能源设备是指汽车维修企业中的能源转换设备，如变电站、配电房、空压站等。为了管好动力，节约能源，需特别制定能源管理制度。

1. 动力能源设备的管理

（1）动力能源设备应由设备管理部门统一管理，而其日常运行和使用维修应由生产部门或生产车间统一管理。

（2）各动力能源站的运行操作工人必须执行定机、定人、定岗的“三定”操作制度，并严格执行安全技术操作规程和操作证制度。

（3）各动力能源站的运行操作工人应实行值班作业制度。

（4）随着新能源汽车的发展，维修站需配备慢充和快充供电能源站，能源站的建设要符合用电安全和场地安全标准，并配备必要的触电保护设施。

2. 动力能源管理的组织机构

为了搞好企业的动力能源管理，企业应成立节能领导小组（由主管领导任组长，设备管理部门及各车间主任任副组长，专职节能员参与），以负责动力能源的日常管理工作；企业内还可成立由企业专职节能员及各部门各车间的兼职节能员组成的节能管理网，在业务上归属设备管理部门。

3. 几种主要能源的管理

（1）用电管理

由专职节能员直接负责，包括用电计划申请、用电实耗统计、节电措施实施等。生产用电应按车间分别计量和考核，50 kW 以上的用电设备要单独计量和考核。用电设备的投产和供电线路的改造，需经负责用电管理的专职节能员审核和主管领导批准。生产用电和生活用电要分开计量和考核，其中生产用电由生产管理部门管理，生活用电由行政管理部门管理。电耗的计算和考核由专职节能员负责。

（2）汽车维修企业的车辆耗用燃油

根据国家车辆油耗标准实行定额发油和考核制度，其中公务车用油由企业行政管理部门管理，洗件及试车用油由生产管理部门管理，生产运输车辆用油由材料供应部门管理，竣工出厂的大修车及新车所用燃油由业务经营部门管理。

四、汽车维修物资及零部件的分类

汽车维修物资是指汽车维修用配件、辅助材料、原材料以及汽车维修工具、量具等生产资料。

1. 维修用配件

汽车配件是指能直接装配于汽车的零部件成品，其分为低值易耗配件、一般零配件、重要基础件与贵重总成等。

（1）低值易耗配件是指汽车运行或汽车维修中常用的低值易损耗配件，如汽车灯光、各类密封垫、火花塞、高压线等。

（2）汽车维修用一般零配件是指汽车维修作业中必须更换的常用零配件，如空气滤芯、机油滤芯、汽油滤芯、空调滤芯和雨刮臂等。

（3）重要基础件与贵重总成。其中，重要基础件包括气缸体、曲轴、连杆组总成和后桥壳等；贵重总成包括发动机总成、前后桥总成、变速器总成、发电机总成等。

配件储存一定要满足车辆维修需求，低值易耗件必须足量存储，一般零配件要适当储存，重要基础件和贵重总成要在车辆确需更换时，根据车辆型号和生产日期，订购原厂总成，以满足车辆维修质量要求，车辆出厂后该总成件按规定进行质保。

2. 辅助材料

汽车维修用辅助材料是指汽车维修过程中使用的辅助性材料，它通常按品种分类。

（1）通配料（通用机械零件或标准件），如轴承、油封、螺栓、螺母、垫圈等。

（2）辅杂料，如铜皮、纸板、石棉线及其他维修用材料等。

（3）油润料，如燃油、齿轮油、冷却液、各类润滑油等。

（4）漆料，如填料、溶剂、涂料与面漆等。

辅助材料一般为维修企业常用材料，必须满足车辆使用性能，要足额配备，以满足车辆维修和保养使用。

3. 汽车维修用原材料包括金属型材、非金属原材料或型材等。

4. 其他汽车维修设备和工具，如动力和能源设备和各类维修工具等。

五、汽车维修物资及零部件的采购、仓储和管理

汽车维修物资管理是指对汽车维修企业经营活动所需的各种物资进行有计划地采购、运输、验收、供应、保管、发放、合理使用和综合利用等一系列管理工作。

1. 汽车维修物资及零部件的采购管理和验收

（1）采购管理

1）采购计划管理。除了零星材料可由生产部门直接通知采购外，其余材料均应按零件分类检验或清仓查库后所编报的采购计划实施采购，而且要求买到即用，库房积压周期或周转期不得超过半年，不得多买与错买。

2）采购方式管理。企业要选派素质较高的人员负责采购，而且要加强维修物资的入库验收，以堵塞漏洞，保证维修生产的正常进行。

3）采购定点管理。依照采购五原则（适价、适质、适量、适时、适地）随时摸清配件供应商情，搞好市场预测，保证采购物资的质量，做到货比三家。在选择配件供应商时，应尽量选择距离较近、交通便利、供货速度最快的配件供应商，并与之建立良好而长久的合作关系，以选择最好的配件供货方式。

（2）入库验收

入库验收是指对汽车维修物资在入库之前的验收，它是库房管理的重要基础，也是管好汽车维修物资供应的先决条件。

1）根据购货发票和认购合同，核查和验收汽车维修物资的数量、品种、规格。

2）根据技术标准或合同规定，核对和验收汽车维修物资的产品质量。其中一般材料可由仓库自行检验；汽车配件（特别是重要基础件和贵重总成）及特殊维修辅助材料可委托技术检验部门进行专门检验。

库房在进行汽车维修物资的入库验收时，一定要把好数量、质量、单据三个关口，坚持“四不收”制度，即凭证不全不收，手续不全不收，数量不符不收，质量不合格不收。

2. 汽车维修物资及零部件的仓储

汽车维修物资在验收入库后，应采用现代信息化的管理方式，将所有部件录入系统，通过管理系统就能显示存放位置、数量、价格、生产日期和保质日期等信息，并根据存货量提供通用零件和耗损类零件的订货提醒，确保维修物资供应的连续性。

常用的汽车维修物资管理方法有以下几种：

（1）分类管理法

将品种繁多的物料，根据物资类别、重要程度、进出仓率等情况进行分类，合理规划物资的固定存放区域，做到重点管理，兼顾一般。

（2）四号定位法

按库号、架号、层号、位号统一对物料进行归类叠放，并标记在物资账卡上。例 2A23 表示为 2 号库房、A 号货架、第 2 层、第 3 货位。

（3）挂牌建卡法

对已存放定位并编号的各种物资建立挂牌卡片，写明物资名称、编号及记录物资进出数量和结存数量等，便于库管员掌握该物资的进、出、存情况。

（4）ABC 管理法

将库存的每种物资按其单位价值、消耗数量、重要程度进行分类。

3. 汽车维修物资及零部件的管理

汽车维修配件及辅助材料的发放是库房管理的主要环节，不仅要在汽车维修过程中建立健全领料、核料制度，而且还要面向生产、面向基层，不断提高库房管理的工作质量和服务质量。

（1）凡属于维修作业中规定应换的配件或材料，可经核料后由主修人报领，由配件库房按核料单限额发放。

（2）凡在维修作业中不应更换或超出规定作业范围和材料消耗的定额，应作为附加材料处理，此时应按企业的领料审核制度，经审核签证后才能凭证限额发放。

（3）在需要换新的汽车维修物资中，凡具有回收利用价值的，均应实行交旧领新制度。

（4）发料时应贯彻“先进先出”的原则，以免库存物资存放太久。

【案例分析】

小张同学通过本节课程的学习，掌握了汽车维修设备的分类，包括举升类设备、环保类设备、整形类设备、喷烤漆类设备、检测仪器和辅助设备等多种类型。

汽车维修企业所有的维修设备必须组织定期的维护和保养，确保其安全可靠、性能良好，这是为客户车辆提供维修服务的基本保障，因此设备的科学管理非常重要。为确保维修作业中配件的及时供应，必须对汽车维修物资有计划地组织采购、验货和仓储管理，确保所有的零部件均为优质产品，做到物资供应及时、库存合理、管理有序。配件储存一定要满足车辆维修需求，低值易耗件必须足量存储，一般零配件要适当储存，重要基础件和贵重总成件要在确实需要更换时，根据车辆型号和生产日期，订购原厂总成，以满足车辆维修作业质量要求。

【评价与讨论】

一、自评与互评

结合本节学习目标，对知识掌握情况进行自评与互评，见表 4-8。

表 4–8　自评与互评

评价内容	自评	互评
能否准确叙述汽车维修设施的分类（20 分）		
能否准确叙述汽车维修设备管理（20 分）		
能否理解动力设备管理和能源管理（20 分）		
能否准确叙述汽车维修物资及零部件的分类（20 分）		
能否准确叙述汽车维修物资及零部件的采购、仓储和管理（20 分）		
总评（学生自评 40%+ 小组互评 60%）		

二、小组讨论

1. 通过本节内容的学习，说出汽车维修企业主要的维修设施有哪些。
2. 如何进行汽车维修物资及零部件的分类?
3. 如何进行汽车维修物资及零部件的采购、仓储和管理?

第五章

汽车维修企业客户关系与可持续发展

第一节　客户满意度与关怀

学习目标

1. 理解客户价值和满意度的重要性。
2. 掌握客户忠诚度调研与分析。
3. 掌握客户关怀服务的基本原则。
4. 掌握客户关怀提升的要点。

【案例导入】

小王是一名刚毕业不久的大学生，为了方便上下班，决定买一辆性价比高的汽车代步，经过层层筛选、网上查阅资料和参数、实体店试乘试驾，最终选择了某款车型。小王在办理贷款以及购买车险过程中，4S 店的工作人员给予了热情的帮助；在用车过程中，经常接到 4S 店工作人员的电话，询问用车情况，保养时工作人员也会给予合理的建议，令小王对 4S 店的服务非常满意。在 4S 店回访过程中，小王给出了很高的评价，并表示一定向身边需要买车的亲戚朋友真诚推荐。

【知识准备】

一、客户价值与满意度

1. 客户价值

客户价值是指客户购买某一种产品与服务所期望获得的所有利益。客户总成本是指客户为获得某一产品所花费的时间、精力以及支付的货币等。客户价值是企业价值实现的前提和基础，客户价值最大化是企业利润的来源。如果没有良好的客户服务就不能实现客户价值最大化。相应地，没有客户价值最大化就没有利润的来源，没有了利润，企业就没有了存在的基础。因此，企业经营的根本是通过客户服务为客户创造价值。

2. 客户满意度

在售后服务工作中，经常提供超出客户预期或超值的服务是赢得客户满意的最好的途径。例如，向平日惠顾的客户致谢；为客户提供经营情报，介绍公司的新产品、新服务项目；通过邮件、短信等多渠道向客户发送特殊天气预报和道路预警服务，提醒客户注意驾车安全；针对不同的驾驶者提供个性化的汽车驾驶知识、保养技巧，为新司机经常提供一些驾驶小窍门和注意事项；汽车维修、保养期间提供代用车服务等。这些都可以给客户一种关怀备至的感觉，增加客户满意度。

为了提高客户满意度，还可以通过增加服务网点，加强跨行业沟通，提供完善的汽车保险和金融信贷业务等方法来完成，以提高汽车的售后服务质量。总之，提高汽车4S店或汽车经销商的售后服务对汽车行业的发展具有显著的促进作用。在汽车服务行业，让消费者满意可以促进销售业绩的提升，并提高市场占有率。为了使客户满意，在服务上力争做到“人无我有，人有我优，人优我创新”，在管理上建立健全并不断完善业务流程和管理系统，履行对客户的承诺。

二、客户忠诚度调研与分析

客户忠诚度是指客户对企业的产品或服务的依恋或爱慕的感情，它主要表现为客户的情感忠诚、行为忠诚和意识忠诚。情感忠诚表现为客户对企业的理念、行为和视觉形象的高度认同和满意；行为忠诚表现为客户再次消费时，对企业的产品和服务的重复购买行为；意识忠诚表现为客户对企业的产品和服务的未来消费意向。由情感、行为和意识三个方面组成的客户忠诚营销理论，着重于对客户行为趋向的评价，通过这种评价活动的开展，反映企业在未来经营活动中的竞争优势。

衡量客户的忠诚度时，可从以下几方面进行调研：

1. 客户重复购买的次数。在一定时期内，客户对某一品牌产品重复购买的次数越多，说明对这一品牌的忠诚度越高。

2. 客户挑选产品时间的长短。客户挑选产品的时间越短，表明客户对这一品牌的忠诚度越高。

3. 客户对价格的敏感程度。对于喜爱和信赖的产品，客户对其价格变动的承受能力强，敏感度低。

4. 客户对其他竞争产品的态度。如果客户对竞争产品没有好感，兴趣不大，则说明其对某一品牌的忠诚度高，购买比较稳定。

5. 客户对产品质量事故的承受能力。客户对某一品牌的忠诚度高，对该品牌产品出现的质量事故会容忍度更高。

三、客户关怀服务的基本原则

客户满意是一项长期的系统工程，需要企业所有成员共同努力推广实施，依赖于企业的改善提升机制，需不断地进行检核、追踪与改善行动。客户满意可使企业经营更有效益，员工素质更见提升。汽车行业的收获与发展建立在长期的客户满意基础上，因此，对客户的关怀服务显得尤为重要。

1. 企业关怀服务

企业关怀服务包括首次进厂时的特殊关怀；预约承诺的实现；接车流程中的客户关怀；对于等待中的客户关怀；客户到维修现场观摩的要求；对维修项目费用明细的解释。

2. 客户关怀服务的基本原则

（1）主动接触：展现主动、热情、尊重、友善的态度。

（2）真诚沟通：识别客户的需求，真诚地帮助客户，当好顾问、参谋。

（3）热情交往：建立客户档案，对客户进行分类管理，了解客户的性格与行为习惯，建立朋友式的客户关系。

（4）不断改进：用合适的方法进行客户满意度调查，改进客户服务工作的不足。

（5）永续坚持：通过专业、规范的服务程序，实现对客户的关怀，实行个性化的服务。

四、客户关怀提升的要点

1. 树立以客户为中心的服务理念

目前，产品质量差异化逐渐缩小，企业之间最大的竞争力在于服务。因此，要求服务人员要将“客户至上”的理念始终贯穿于客户服务工作中，真正树立以客户为中心的服务理念。

2. 提高服务人员的素质

服务人员是企业的形象，服务人员素质的高低直接影响客户满意度，企业应加大培训力度，对服务人员进行职业道德、礼仪礼貌培训，提高服务人员的沟通、协作能力。

3. 建立客户满意度评价体系

坚持以客户为中心，用鱼骨图分析等现代化管理方法，建立客户满意度评价模型、制定评价问卷调查，形成改进服务质量的良性机制，从而促进客户满意度的不断提升。

4. 建立健全考核制度

科学、有效的考核制度能激励、提升服务人员的工作积极性和责任感，企业应将客户满意度纳入员工绩效考核，与月度、年度考核有机结合起来，从而提高员工的工作积极性。

5. 建立客户档案，做好客户回访

在服务流程中，借助于客户服务档案，将客户分类，了解每个客户的基本信息、车辆信息等。客户维修结束后的一定天数内（通常小修 3 ～ 5 天，大修 14 ～ 28 天），主动联系客户，询问客户对于此次服务的评价、意见以及建议并记录。解决客户提出的问题并反馈给公司，以便在今后的工作中改善。

【案例分析】

随着市场竞争的加剧，仅仅靠售前服务卖出汽车已经不能够满足消费者的需求，消费者在购买汽车的同时，也需要购买到良好的售后服务。客户满意度是市场经济下自由竞争的产物，是 4S 店极具价值的无形资产，它已成为衡量 4S 店全面运行质量的水准。现实中，由于员工素养、企业管理制度、领导意识等种种原因，客户投诉、维权等情况时有发生，不但影响到品牌形象，而且威胁到自身生存发展。因此，在汽车服务过程中，要掌握客户关怀的基本原则，树立以客户为中心的服务理念，提高服务人员的素质。

【评价与讨论】

一、自评与互评

结合本节学习目标，对知识掌握情况进行自评与互评，见表 5–1。

表 5–1　自评与互评

评价内容	自评	互评
能否理解客户价值与满意度的关系（20 分）		
能否准确叙述应从哪些方面衡量客户忠诚度（20 分）		
能否准确叙述汽车维修企业中客户关怀服务的基本原则（30 分）		
能否准确叙述汽车维修企业中客户关怀提升的要点（30 分）		
总评（学生自评 40%+ 小组互评 60%）		

二、小组讨论

1. 案例中的小王为什么会对 4S 店有很高的评价？
2. 在实际工作中应如何提升对客户的关怀？

第二节　客户投诉处理及预防

学习目标

1. 了解客户投诉的因素。
2. 掌握客户投诉的处理原则与技巧。
3. 熟悉客户投诉的处理流程。
4. 了解重大投诉危机公关处理方法。
5. 掌握预防客户投诉的原则。

【案例导入】

小张到维修站进行车辆常规保养及空调异响检修后，当晚发现空调仍有异响，次日再次到维修站进行检查，维修站检查后告知小张是鼓风机损坏，维修费用约 200 元，但在更换前发现服务顾问报错了零件，实际价格应是 1 000 多元。由于前后金额相差较大，小张对此产生了抱怨，认为维修站第一次检修不彻底，应由维修站承担责任。是什么原因导致小张投诉维修站？对于小张的抱怨或投诉，维修站应如何处理？

【知识准备】

一、客户投诉的因素

客户投诉是指客户对企业产品质量或服务上的不满意，而提出的书面或口头上的异议、抗议、索赔和要求解决问题的行为。投诉一般会产生两种结果，一是企业妥善解决了客户的投诉，客户会再次购买该产品；二是若问题没有得到解决，可能会造成客户流失。作为汽车维修行业来说，能正确、合理地处理好客户投诉是至关重要的，这不仅可以帮助维修企业及时了解最新的市场服务动态，还能够捕捉到一些对企业未来发展有价值的商业信息，但客户投诉过多势必会影响企业形象。

以汽车售后服务工作为例，引起客户投诉的原因有很多，主要有以下四个方面：

1. 产品质量方面

如制造上的缺陷、瑕疵、产品规格、索赔政策等方面的问题。

2. 服务质量方面

主要涉及服务态度、维修价格、维修时间、配件供应时间等。如客户感觉不被尊重，每次进厂都无人问候，修车登记等待时间过久，等待登记时无人招待；客户感觉受到不平等待遇；客户有被欺骗的感觉，如服务顾问建议更换的机油四滤、火花塞与保养手册上面建议不一致；还有交车时间延误、作业疏忽、维修及配件价格高、配件缺货等。

3. 维修质量方面

主要有重复维修，一次性修复率低，维修质量不可靠，如喷漆后掉漆、异响未修好等。

4. 客户自身方面

如由于客户知识的不足、操作不当、其他人的引导等，导致客户对服务的期望未得到满足，也易发生不满和投诉。

二、客户投诉的处理原则与技巧

客户的投诉有产品质量、售后服务、客户使用不当等多方面因素。处理投诉时要注意以下几个原则和技巧：

1. 换位思考，有正面的处理态度。客户的投诉都是有原因的，作为服务人员要为客户着想，了解客户投诉的原因与内容，以便在工作中避免再发生类似投诉。在处理所有投诉过程中，必须树立客户至上的观念。

2. 先处理心情，再处理事情。处理客户投诉的本质就是处理客户的情绪，要先对客户进行安抚，在情感上多沟通，并多表示理解和同情，然后再解决实际的问题。

3. 耐心倾听。把 80% 的倾诉时间留给客户，不与客户争论、争执，感谢客户提出的宝贵意见，以诚心诚意的态度来倾听客户的抱怨，并做好记录。

4. 设法平息怒气。客户在开始陈述其不满时，往往都是满腔怒火，应想办法让客户发泄不满，不要挑战客户，不要试图在争执中获胜，仔细聆听客户的抱怨后，必须冷静地分析事情发生的原因与重点。在倾听过程中不断表达歉意，同时允诺事情将在最短时间内解决，从而使客户逐渐平静下来。要安抚客户，承认错误，让客户在理智的情况下来分析解决问题。

5. 迅速行动。了解客户投诉的原因后，应根据公司有关规定和《消费者权益保护法》立即着手处理，禁止拖延。如果客户对此处理不满意，可主动询问客户的意愿，有针对性地处理客户投诉。

6. 准确判断，控制局面。部分客户存在不良动机，故意夸大问题，这时需要工作人员在倾听过程中准确判断客户的真正不满之处，有针对性地处理，从而防止节外生枝，事态扩大。

7. 赔偿或改进。服务人员仔细倾听客户的抱怨和投诉后，认真分析，确实属于服务的问题，除向客户诚挚道歉以外，马上根据客户的时间安排返修，并承担相关的费用；若不属于服务方造成的问题，也要注意态度。一般来说，要注意耐心向客户做出解释；建议对车辆存在的问题进行免费检查，并在征得客户同意的前提下进行检修；可以适当优惠或对工时费予以减免；还可赠送短期特殊服务等。无论问题处理得如何，应感谢客户投诉，对给客户带来的不便表示歉意，其次感谢客户对企业的信任和支持，并告诉客户会努力改进工作。

处理客户投诉要求售后服务人员在工作中对客户的不满和抱怨有高度的敏感性，积极主动地采取措施，充分运用专业知识与技能对客户投诉进行处理和转化；同时在处理过程中应保证信息的快速传递，及时上报超越自身处理权限的客户投诉。

三、客户投诉的处理流程

1. 客户投诉处理的三个层次

第一层次：维修班组长、车间主任、服务顾问、电话回访员。

第二层次：服务经理、技术总监、部门经理。

第三层次：服务总监、总经理。

2. 客户投诉处理流程（图 5–1）

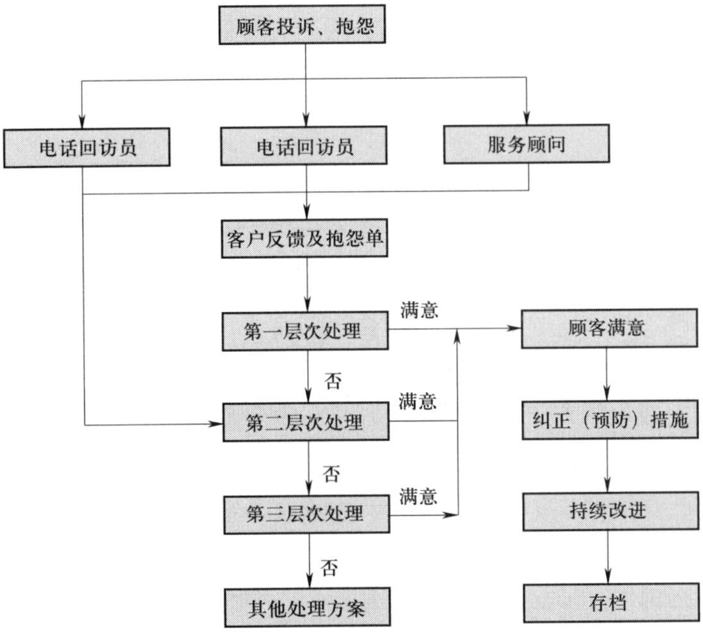

图 5–1　客户投诉处理流程

四、重大投诉危机公关处理

随着汽车行业规模的不断扩张，经营发展中难免会遇到诸多影响或干扰因素，这些因素就是企业经营中的风险，即企业危机。危机公关是指企业为避免或减轻危机所带来的严重损害和威胁，从而有组织、有计划地学习、制定和实施一系列管理措施和应对策略，包括危机的规避、控制、解决以及危机解决后的复兴等不断学习和适应的动态过程。

不管发生什么样的危机，企业都要学会“切割管理”，把所出现问题的影响尽可能减少到最低程度。在时间维度上，需要新与旧的切割，企业应快速出击，及早恢复正常的生产经营活动，进而消除事故和危机的影响。

五、客户投诉的预防

预防客户投诉应注意以下几项原则：

1. 首问责任制。谁接待的客户由谁负责到底，也称为“一站式维修服务”。

2. 自行抽检。企业从接待、维修、质检到电话跟踪，实行抽检，对发现的问题及时查找原因，制定对策。

3. 预警制度。对一些挑剔、易怒的客户，提前通知各部门，让每个人都提高警惕。

4. 标准工作流程的落实。企业有了标准工作流程，应抓好落实，人人按照工作流程行事，就会堵塞漏洞，避免或减少客户投诉。

5. 员工培训。通过培训让员工知道客户投诉能促进企业不断改进服务系统、优化企业工作流程、完善企业评价体系。

【案例分析】

引起客户抱怨或投诉的原因有很多，主要有配件质量、服务质量、维修质量、客户自身原因等方面的因素，案例中引起小张抱怨的主要原因是维修人员对报修项目判断不准确，车辆故障未排除；车辆交车前的质量检验工作不到位；服务顾问又报错零件价格，且价格差距较大，最终导致小张抱怨升级。

面对客户抱怨或投诉首先要仔细倾听，平息客户怒气；其次，认真分析造成客户抱怨的原因，若确实属于服务的问题，应马上根据客户的时间安排返修，并承担相关的费用；问题解决后，还应做好客户回访工作，感谢客户的投诉，并对给客户造成的不便表示歉意。汽车维修企业应不断改进服务系统、优化企业工作流程、完善企业评价体系，避免或减少客户投诉，从而使企业可持续发展。

【评价与讨论】

一、自评与互评

结合本节学习目标，对知识掌握情况进行自评与互评，见表 5–2。

表 5–2　　自评与互评

评价内容	自评	互评
能否对客户投诉进行分析（20 分）		
能否准确叙述客户投诉的处理原则与技巧（20 分）		
能否熟练应用客户投诉的处理流程（30 分）		
能否准确叙述客户投诉的预防原则（30 分）		
总评（学生自评 40%+ 小组互评 60%）		

二、小组讨论

1. 案例中，小张投诉维修站的原因是什么？
2. 维修站服务人员应该注意哪些方面以避免引起客户投诉？

第三节　汽车维修企业可持续发展

学习目标

1. 理解汽车维修企业信息化管理的内容、意义和措施。
2. 理解汽车维修企业生产经营分析指标及改进措施。
3. 掌握汽车维修企业一次修复率的控制及改进措施。
4. 掌握 PDCA 循环法质量管理的优点。

【案例导入】

老张决定在某 4S 店购买一辆 20 万元左右的车，销售顾问小王接待了老张。接下来的时间里，小王经常打电话询问老张的想法，多次协商后，老张决定购买小王推荐的某款车型。成功购车后，老张发现该车辆经常出现冷启动时发动机抖动的问题，于是联系小王，可这个时候小王反而不接电话，令老张着实上火。案例中小王的做法忽略了汽车销售中的哪一个重要环节？这样做对汽车维修企业的发展会产生什么样的影响？

【知识准备】

一、汽车维修企业信息化管理

汽车维修企业信息化管理已经成为未来汽车维修企业管理的必然措施。汽车维修企业信息化管理在相应的技术手段或技术方式的引导下，已成为企业管理的一项重要工作和任务。不同的企业应结合自身的企业特点，采取不同的信息化管理形式，有效提高企业的核心竞争力和经济利益，解决汽车维修企业本质的技术问题，才是真正有效的措施。

1. 汽车维修企业信息化管理的内容

汽车维修企业信息化管理的内容基本包含以下几个方面：

（1）针对汽车维修企业自身的情况，有效建设符合信息技术要求的各类业务和管理制度，补充、更新和完善本企业的各类管理制度，促使整个企业经营模式更加有序地发展。

（2）汽车维修企业应建设两个基本管理数据库，一个是以企业经营和管理为中心的实际数据库，另一个是企业高层在经营管理中的决策信息数据库。

（3）建设相应的自动化信息管理系统。从整个汽车维修企业日常的经营管理信息中，提取每一项信息进行处理，通过数据分析可以为企业高层做出正确决策提供依据。

（4）建设企业内部信息查询平台。可以根据内部网络实现企业内部信息的自动化办公与信息查询，有效提升企业内部信息的最佳配置。

（5）通过接入互联网获取信息，补充和更新适合自身企业在经营活动中的信息资源。还可利用互联网发布企业经营信息，开拓更多的宣传途径。

2. 汽车维修企业信息化管理的意义

（1）有效支持，适应竞争

汽车维修企业可以通过企业信息化管理的支持，整理制定出更适合本企业的经营模式，优化经营过程中的环节，创建适合自身企业的管理组织结构，并结合市场信息反馈，有效提高企业高层的决策力，使汽车维修企业在市场竞争中取得良好的经济效益。

（2）降低经营成本，获取更多信息

企业信息化管理的本质在于在降低企业在经营活动中的运营费用。汽车维修企业通过信息化管理，获取到更多适合自身企业发展的外部信息，可以根据信息化管理对车辆维修成本进行有效控制；还可以根据企业自身的需要，对库存进行信息化管理，合理解决配件库存量的问题。

（3）掌握市场需要，提升汽车维修企业市场竞争能力

利用企业信息化管理技术，可以拉近企业与客户的距离，有效地建立起从企业到供应商再到客户之间的关系网；还可以根据市场反馈的信息资源，把握汽车维修行业的市场消费能力，针对市场需求调整经营模式，从而有效提升汽车维修服务质量。

（4）完善信息化管理数据，促进企业高层决策，提升企业综合素质

企业信息化管理是从传统管理到先进管理模式的一种转变，针对企业自身的经营模式，制定和完善企业管理制度和方法，创新管理理念。通过信息化管理，获取到更多的有利于企业发展的信息，及时掌控市场需求，提高企业高层针对企业内部和外部信息数据的分析能力，为企业发展做出更为科学的决策提供相应的依据。汽车维修企业信息化管理，还可以提高企业员工的技术知识，通过信息化管理传播汽车维修信息及市场信息，有效提升企业整体的综合素质。

3. 汽车维修企业信息化管理的有效措施

（1）汽车维修企业需要安排相关技术人员针对汽车维修企业信息管理系统使用情况进行培训，可以参考更多先进企业或地区信息化管理建设的模式，根据自身企业发展需要，制订出适合本企业的实施计划。

（2）汽车维修企业信息管理系统在选用和建设上，需要遵循汽车维修行业的规范，公开召集相关维修企业进行系统招标，可以由企业代表与系统服务商签订协议。汽车维修企业信息化管理系统正式投入使用前，需要对本企业信息化管理系统进行宣传和培训，通过接入互联网，提升信息化管理人员的计算机操作水平和网络知识应用，制定出企业内部信息化管理操作流程，从而为汽车维修企业信息化管理系统的启用打下良好的基础。

（3）汽车维修企业信息化管理系统，需要根据自身企业的情况，满足企业内部信息化管理各方面的要求，按照各管理部门的需求，有效地掌控企业经营的数据和信息，并且自动上传到企业信息化管理系统专用服务器，满足可随时查询和监控企业的经营活动数据。

（4）汽车维修企业可通过信息化管理系统建立客户车辆档案，有效提高自身企业形象，为客户的个性化服务打下基础，针对客户咨询做出迅速反应。通过企业信息化管理，可以对客户的信息进行跟踪，具体掌握客户及所维修车辆的细节，及时对客户提出维修建议，有效体现出个性化服务的市场需求性。

汽车维修企业信息化管理的建设，不是短期内就可以完成的任务，需要根据企业自身的发展进行统筹，循序渐进地完善企业信息化管理。面对企业信息化管理不完善、人员综合素质不高等情形，更需要企业及时对经营模式进行更新与补充。针对信息化管理系统操作的复杂性，汽车维修企业需要结合自身企业安排进行统一筹划、分步实施，有计划地实现汽车维修企业信息化管理的稳步发展。

二、汽车维修企业生产经营分析与改进

1. 生产经营指标

（1）维修台次：是指规定时间内维修车辆的总数。

（2）维修收入：是指企业提供汽车维修劳务等所取得的营业收入，它由汽车维修工时收入、材料配件收入和其他收入三部分组成。

（3）配件指标：主要包括库存品种和数量的百分比及配件及时供应率。库存品种和数量的百分比是计算A、B、C三类配件占全部配件品种的百分比及占配件收入总额的百分比；配件及时供应率是指充分供应的配件项目数与当期实际需求配件数之比。

2. 生产经营分析与改进

（1）维修台次与维修收入的分析与改进

维修台次不足会造成员工劳动利用率降低和维修工位的闲置，从而造成经济方面的浪费。因此，当发现实际维修台次下降时，应及时分析并找出原因，有针对性地采取相应措施。

维修台次减少的原因及改进措施：

1）对工作质量或维修质量不满意。改进措施为接车时客户若有疑问，则应再进行诊断，必要时可进行试车；加强质量检验，确保客户车辆故障完全排除；通过员工培训促进维修人员技能提高。

2）对服务不满意。改进措施为应尽可能由业务接待员来交付车辆和解释发票，实行一站式维修服务；若预定的维修时间要推迟，应及时向客户反馈并沟通；通过各种方式调查客户的满意度，发现问题及时解决。

3）对维修价格不满意。改进措施为做好发票解释工作，使客户认可维修项目和费用；展示拆下的零部件，获得客户信任；维修中增加维修项目必须与客户进行协商，征得客户同意，并在订单上做好记录；企业应在显眼位置悬挂常用配件及工时费价格表；严格按照核算单固定价格收费，不能随意变更；对于一些简单的小故障，可免工时费为客户维修。

（2）配件指标的分析与改进

库存品种和数量百分比较低时，按照配件存量要求，采取设置安全存量的方式，即以经济采购量采购配件。配件备货不及时应查找原因，属配件管理部门责任的，要追究责任，备货不足时要及时调整安全存量。

三、一次修复率的控制与改进

1. 一次修复率

一次修复率与传统的考核指标返修率中的返修台次是不一样的，两者之间有较大的

差别。传统的考核指标返修率对返修台次的定义是在统计期内竣工出厂的车辆在一定里程内，由于维修工艺责任或因材料配件质量不合要求等原因回厂再次进行修理的台次数。一次修复率中的返修不仅包括维修工艺和材料配件质量不合要求，还包括以下几种：

（1）配件缺货引起的返修。由于配件缺货或配件与车辆规格、型号不符。

（2）误诊断引起的返修。一些正常的问题，如轮胎噪声，由于不能准确判断故障而让客户多次进厂检修。

（3）第二方案引起的返修。对一些偶发故障，由于没有确定的方案，临时采取一个方案试修，导致客户返修。

通过一次修复率与传统的考核指标返修率中的返修台次相对比，可以发现一次修复率更能体现以客户满意为中心的理念。

2. 一次修复率的控制

一次修复率的控制应贯穿于整个维修过程中。

（1）接车

业务接待员详细记录客户车辆的问题是修复成功的第一步。接车时，业务接待员应详细询问客户车辆故障发生时的现象、车辆日常使用条件、故障发生频率及条件等重要信息，并做好相应记录。

（2）诊断

对于可重现的车辆故障，业务接待员应陪同客户实车检查，以便了解实际情况，分析故障原因，制定维修方案；对于较难重现的故障或暂时难以准确判断的故障，业务接待员应查阅维修档案、维修技术资料，仔细分析可能的故障原因；对新问题、疑难杂症或暂时难以准确判断的故障，应组成专家小组共同会诊分析故障原因，制定维修方案。

（3）维修

维修施工前，维修人员应全面了解车辆故障信息；维修施工中，维修人员应严格按照维修技术规范完成维修工作，重视维修质量，树立质量第一的思想，争取在第一时间将客户的车修好；必须采用上下道工序互相检验的方式，如有多工种维修，在所负责项目结束后，应完成与下道工序的交接；维修工作应在预计时间内完成；不能用其他工具代替专用工具，以免造成车辆部件的变形或损坏；不能擅自改变技术资料规定的拆装顺序和拧紧力矩；在维修过程中如发现维修方案有偏差或有其他的故障隐患，应及时和车间主管联系，以便及时纠正错误方案，对未被发现的隐患进行及时修理；在完成每一步维修作业后，需对该维修部位进行检查。

（4）质检

在维修过程中应严格执行三检制度，即自检、互检、专检；对难修理或一次未能修复的车辆，除按照正常的质检规范进行外，车间主管还应组织专家小组对车辆进行最终检验，确保车辆完全修复；车间应建立抽验制度，由车间主管对各种完工车辆进行抽验，加强维修质量的监督。

（5）厂内返工

对于在质检中发现问题的车辆，应按厂内返工处理，返工车辆的维修要重新进入维修质检流程。

（6）返修

车间主管分析返修原因，判别属于何种问题；返修若属于非人为原因，应交给原维修人员优先安排维修；若属于人为原因，则应交于更高水平的人员完成；返修车辆应优先安排维修，维修完毕，经严格检查没有问题后才可交车。

3. 一次修复率控制的工作改进

（1）返修车辆处理记录表应存档，内容包括车辆信息、故障现象、故障原因、返修的原因、改进措施等。

（2）厂长应定期与车间主管或技术主管共同分析返修原因并及时采取措施。

（3）车间主管应及时召集相关人员对未能一次修复的案例进行专项技术交流，逐步提高员工的维修技术水平和工作责任心，避免类似故障重复发生。

（4）车辆一次修复率应作为管理人员考核的重要依据，奖励维修质量优良的维修人员，处罚造成返修的员工。

四、汽车维修企业的 PDCA 管理

1. PDCA 循环法

PDCA 循环法是一种行之有效的质量管理方法，它是从企业生产以及流水线作业的现代工业生产方式中出现并发展起来的，通过对大批量的同一生产零部件进行统计、分析、研究来获得第一手资料数据，提供质量管理的可靠信息，生产程序按照制订生产计划（Plan）、生产计划实施（Do）、产品质量检查（Check）、生产工作总结（Act）四个阶段进行，并对质量环中的每个环节使用相应的控制工具进行控制和分析，以达到对生产过程进行质量控制的目标。

PDCA 循环法的运用要求生产过程具备重复性和大批量生产这两个特点。维修过程涉及多部件、多结构层次，技术种类也很多，为了能对维修过程科学、合理地运用 PDCA 进行质量管理，将维修对象有机拆分和结构简化，在不同层次、不同工序分别建立质量环，从而达到运用 PDCA 循环法对维修进行质量管理的目的。

2. PDCA 循环法质量管理的优点

（1）将 PDCA 循环法应用于维修过程质量控制，通过管理方法的学习、应用及严格执行，会全面提高维修企业各级人员的维修质量意识、质量观念和质量管理概念。

（2）运用 PDCA 循环法对维修进行全程的质量管理和控制，将会大大提高一次维修

合格率和维修工艺准确程度，最大程度地减少返工情况的发生，这将缩短维修周期，对于减少材料消耗、提高工时效率也具有积极作用，对增进维修的综合效益有重要作用。

（3）由于 PDCA 循环法每个阶段和每个循环过程都要求总结、分析和提出问题，可将质量管理和操作过程中好的经验和做法提炼出来并进行推广，使成功的管理经验得以积累，从而为今后的同类工作提供决策支持，为类似维修工作提供参考。

（4）PDCA 循环法要求全员参与，不同级别的维修工作者在 PDCA 循环中都有相应的质量责任，这就要求在管理工作中各级人员各司其职，能够激发各级维修人员的质量意识和质量责任，使质量控制得以保证，尽可能减少了漏洞的出现。

【案例分析】

汽车服务不仅是指把车销售出去，做好售后服务环节对于汽车维修企业的可持续发展也是非常重要的。案例中的小王认为自己把车成功地销售出去就完成任务了，而忽略了售后服务环节。小王这样做会降低客户的满意度，时间久后会造成客户流失，影响汽车维修企业的信誉和口碑。

为了更好地服务汽车消费者，企业应定期进行生产经营分析，通过维修数据改善管理模式，稳步提升企业维修质量，尽量保证车辆一次修复完成，降低返修率，还应完善企业的销售、售后服务体系，建立相应的规章制度和完整的售后服务流程，使企业能够长足发展。

【评价与讨论】

一、自评与互评

结合本节学习目标，对知识掌握情况进行自评与互评，见表 5–3。

表 5–3　　自评与互评

评价内容	自评	互评
能否理解汽车维修企业信息化管理的意义（20 分）		
能否理解汽车维修企业生产经营改进的措施（20 分）		
能否准确叙述一次修复率的控制及改进措施（30 分）		
能否准确叙述 PDCA 循环法质量管理的优点（30 分）		
总评（学生自评 40%+ 小组互评 60%）		

二、拓展提升

1. 企业应如何做才能避免员工出现案例中小王的做法？
2. 汽车维修企业应如何做到可持续发展？

第六章　汽车维修企业财务与人力资源管理

第一节　汽车维修企业财务管理

学习目标

1. 理解汽车维修企业财务管理的内容。
2. 理解汽车维修企业财务管理的目标和任务。
3. 掌握汽车维修企业的资产管理。
4. 掌握汽车维修企业的经营分析。

【案例导入】

小张在某汽车4S店从事多年汽车维修工作，技术精湛，人品好，好钻研，好沟通，深受车主的好评，也受到公司的各种表彰。随着时间推移，他决定和徒弟合伙在当地开一家快速保养店，提供洗车美容服务。两人很快就找人帮忙注册了公司。由于自身有一定的客户资源，又通过免费洗车吸引客户，开业不久后生意异常火爆。两人便快速通过高薪招聘了一些维修和洗车人员来满足发展需要，起初两人只忙于一线的作业，财务工作便交给亲戚小王去管理。

某日店内来了几辆事故车，需要订购配件，财务告知公司能用的钱不够。小张经过仔细盘问，财务小王承认自己因为家里有事急需用钱，就私自收取了一些维修费用，金额约2万元，并主动承认错误，交回这些款项，但是公司总的资金还是远远不够。小张调查后得知，是因为零部件库存过多，已经占用了大量资金，人员工资也一直高居不下，才导致公司资金周转不开。

那么，汽车维修企业应该如何进行财务管理？财务管理制度应遵循什么原则？若财务管理制度不明确，会对汽车维修企业造成什么影响？

【知识准备】

一、汽车维修企业财务管理概述

1. 企业财务管理的内容

随着社会主义市场经济的发展，企业财务管理在社会经济生活中所充当的角色越来越重要。

（1）企业财务活动

财务活动是资金的筹集、投放和使用、收回和分配等一系列经济行为。企业财务活动从整体上可以概括为三个方面，即企业筹资活动、企业投资活动、企业收益分配活动。

1）筹资活动。筹资活动是指企业从内外各个方面筹集企业生产经营活动所需要的资金的过程。

2）投资活动。投资活动是指企业将所筹集的资金在企业投资范围内进行合理配置和投放的过程。

3）收益分配活动。收益分配活动是指企业在一定时期内所创造的剩余价值总额在企业各利益主体之间进行分割的过程。如向国家交纳企业所得税、支付利息、支付股利或红利、提取公积金等。

（2）企业财务关系

企业在从事财务活动的过程中，必然要与各种经济主体发生各种经济利益关系，企业在财务活动中所形成的这种经济利益关系称为企业财务关系。企业财务关系通常包括以下几个方面的内容：

1）企业与政府之间的财务关系。政府为实现其行政职能要无偿地参与企业收益的分配。这种分配形式主要体现为企业必须按照税法规定向政府缴纳各种税款，如所得税、营业税、增值税等。这种关系体现为一种强制和无偿的分配关系。

2）企业与投资者（所有者）之间的财务关系。企业与投资者（所有者）之间的财务关系是指投资者向企业投入资金、实物资产或专有技术等，企业向投资者支付投资报酬所形成的经济利益关系。

3）企业与债权人之间的财务关系。企业与债权人之间的财务关系是指企业向债权人借入资金并按照合同规定按时支付利息和本金所形成的经济利益关系。

4）企业与受资者之间的财务关系。企业与受资者之间的财务关系是指企业对外投资所形成的经济利益关系。

5）企业与债务人之间的财务关系。企业与债务人之间的财务关系是指企业将资金以提供借款、商业信用等形式借给其他企业和个人所形成的经济利益关系。

6）企业内部各单位之间的财务关系。企业内部各单位之间的财务关系是指企业内部各单位之间在生产经营各环节中相互提供产品和劳务所形成的经济利益关系。

7）企业与劳动者之间的财务关系。企业与劳动者之间的财务关系是指在向劳动者支付劳动报酬的过程中与劳动者形成的经济利益关系，体现了企业与劳动者之间在劳动成果上的分配关系。

8）企业与经营者之间的财务关系。企业与经营者之间的财务关系是指企业在向经营者支付劳动报酬的过程中与经营者形成的经济利益关系，这种关系产生的前提条件是企业的所有者与经营者相互分离。

（3）企业财务管理的内容

根据企业财务活动的基本内容以及企业财务关系的基本构成，企业财务管理的主要内容包括以下三个方面：

1）筹资管理。企业筹资管理是对企业筹资活动及其所形成的财务关系的组织与调节，是指企业如何以最小的代价、最佳的筹资方式及时并足额地从企业内外各个方面取得企业生产经营活动所需资金的过程。

2）投资管理。企业投资管理是对企业投资活动及其所形成的财务关系的组织与调节。

3）收益分配管理。企业收益分配管理是指企业将其在一定时期内创造的劳动成果合理地在企业内外各利益主体间进行有效分割的过程。

2. 企业财务管理的目标和任务

财务管理是现代汽车维修企业管理中的重要组成部分，财务管理的出发点和归宿点都是为了获利，从而使企业求得生存与发展，并承担相应的社会责任。

（1）企业财务管理的目标

企业财务管理的目标是以企业生产经营管理为中心，增产节约，增收节支，不断提高企业的偿债能力和盈利能力，并做到两大财务能力的有机统一，实现企业价值最大化。

（2）企业财务管理的基本任务

企业财务管理的基本任务是根据社会主义市场经济规律和国家的有关方针、政策、财经制度，合理组织企业的各项财务活动，正确处理各种财务关系，为实现企业的经营目标和根本任务服务。

3. 汽车维修企业财务管理的机构

按照《中华人民共和国会计法》的规定，汽车维修企业可以根据本企业会计业务的需要，设置财务会计机构，配备合格的财务会计人员。对于小型汽车维修企业的财务管理可不设专门的财务会计机构，而在有关机构中设置会计人员并指定会计主管人员，可采取厂部一级核算方式，由厂长直接负责财务会计工作。对于大中型汽车维修企业，特别是实行经营责任制的股份制公司或有限责任公司的财务管理，可设置专门的财务会计机构，按照《中华人民共和国公司法》采用厂部核算和车间班组核算的两级或三级核算方式，由财务总监在厂长的直接领导下负责企业的财务会计工作。大中型汽车维修企业也可以根据本企业财务管理的需要分别设财务机构与会计机构，财务部门主要负责控制资金、投资与分配、管理固定资产和经营资金、财务计划、财务分析、财务报告等；会计部门主要负责日常的财务收支、建账立卡、结算及奖励等。

所有从事财务会计工作的人员都必须按照《中华人民共和国会计法》的规定取得会计从业资格证书，并遵守会计职业道德，坚持原则，忠于职守。

二、汽车维修企业的财务管理制度

财务管理是在一定的整体目标下，关于资产的购置（投资）、资本的融通（筹资）、经营中现金流量（营运资金）以及利润分配的管理。财务管理是企业管理的一个组成部分，它是根据财经法规制度，按照财务管理的原则，组织企业财务活动、处理财务关系的一项经济管理工作。

汽车维修企业财务管理应遵守国家的财务管理制度。如《中华人民共和国会计法》《中华人民共和国公司法》，由财政部颁布的《企业财务通则》《企业会计准则》《企业会计制度》《小企业会计制度》等。

汽车维修企业内部财务管理除遵守国家法律法规和财务制度外，还应根据企业自身的具体情况，制定适合的财务管理制度，如内部稽核制度、财会交收制度、现金管理制度、成本核算制度、资产管理制度、会计交接制度等。

1. 财务管理原则

企业的财务管理应该按照国家统一的会计制度进行核算，企业的会计处理方法一经确定，不得随意变更，确实需要变更的，应将变更情况、原因以及财务状况和经营成果的影响，在财务报告中说明。企业财务报告应注意以下内容：

（1）应以实际发生的经济业务及能证明经济业务发生的凭证为依据，如实反映财务状况和经营成果。

（2）提供的会计信息应能满足各方面了解公司财务状况和经营成果的需要，以及满足公司内部经营管理的需要。

（3）应在发生经济业务时，及时进行会计处理，讲求实效。

（4）会计记录和会计报表应简明易懂。

（5）在全面反映财务状况和经营成果的同时，对影响决策的重要经济业务，应单独反映、重点列报。

（6）正确确定公司的收益、成本、费用，合理核算可能发生的损失和费用。

（7）各项资产应按其所得时所发生的实际成本记账。

2. 会计核算

（1）财务部门及财会人员应按照国家有关税务、财务、会计制度进行会计核算。

（2）收入、成本、费用的计算，经营成果的计算和处理，款项和有价证券的收付，债权债务的发生和结算，财物的收发、增减和使用及其他需要办理会计手续、会计核算的应办理会计手续，进行会计核算。

（3）会计资料应真实、完整，并符合国家法律及会计制度的有关规定。

（4）办理有关会计事项时，应填制或取得原始凭证，并及时交予财务部门，经财务人员审核后编制记账凭证，记入有关账簿。

（5）按会计制度的规定，设置会计科目和会计账簿。

（6）按会计制度的记账规则，根据已编制的会计凭证登记账簿。

（7）财务部门应妥善保管会计资料。

3. 财务监督

（1）财务部门及财务人员有权对公司的经营活动实行财务监督。

（2）财务人员对违反财务制度的经营业务应不予办理。

（3）财务人员对不真实、不合理的原始凭证应不予受理。对记载不明确、不完整的原始凭证应退回，并要求其补充、更正。

（4）财务部门应定期和不定期进行财务检查。要做到账实相符、账证相符、账账相符，如不符，应查明原因，并按有关规定进行处理。

（5）财务部门应如实接受税务部门、审计部门的检查。

三、汽车维修企业的资产

汽车维修企业的资产、负债、所有者权益反映了企业在特定日期的财务状况，表明了企业在某一特定日期所拥有或控制的经济资源、所承担的现有义务和所有者对净资产的要求权。通过对企业资产、负债、所有者权益的管理，可以有效利用各项资金，提高企业的经济效益。

1. 资产

资产是指企业过去的交易或者事项形成的、由企业拥有或者控制的、预期会给企业带来经济利益的资源。资产按不同的标准可分为不同的类别。按照资产的流动性可分为流动资产和非流动资产；按照资产的形态可分为有形资产和无形资产。资产可分为固定资产、流动资产、长期投资、无形资产、递延资产和其他资产，如图 6–1 所示。

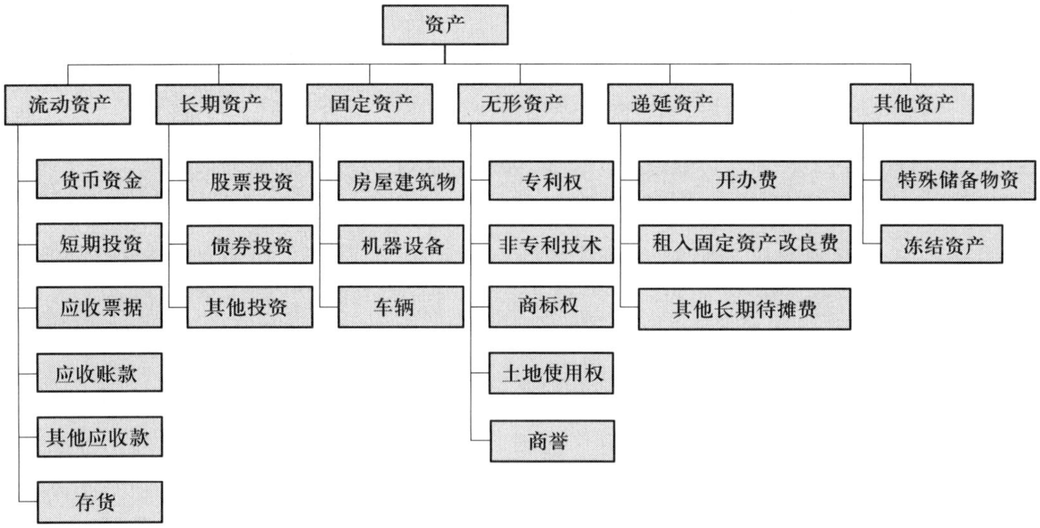

图 6–1　资产的分类

2. 固定资产

固定资产是指企业为生产商品、提供劳务、出租或经营管理所持有，使用年限在 1 年以上，单位价值在规定标准以上，且在使用过程中基本保持原有物理形态不变，能为企业创造经济利益，可以用货币计量的资产。

固定资产包括生产经营用固定资产、非生产经营用固定资产、租出固定资产、未使用固定资产、不需用固定资产、土地和融资租入固定资产等。汽车维修企业的固定资产主要是指房屋及建筑物、维修用机器设备、车辆等。

（1）固定资产的日常管理

为了保护固定资产的安全、完整，提高固定资产的使用效率，必须做好固定资产的的日常管理。固定资产管理主要包括确定固定资产的需要量；做好固定资产管理的各项基础工作，搞好物业管理；正确计算和提取折旧；固定资产的日常维护等。

（2）固定资产的合理维修和更新报废

固定资产的维修分为日常维修和大修。日常维修费用直接计入当期成本、费用，大修费用采用待摊法和预提法分期计入成本、费用。

固定资产在其存续期间会由于使用而不断磨损最终报废，或由于技术进步等原因提前报废，或由于遭受自然灾害等而毁损报废。

固定资产更新是指用新的固定资产来更换报废的固定资产。固定资产更新既可以是原样更新以实现固定资产的实物再现，也可以是新样更新以更加先进、更高效率的设备更换陈旧落后的设备，实现固定资产的扩大再生产。

3. 流动资产

流动资产是指企业可以在 1 年或超过 1 年的一个营业周期内变现和耗用的资产，主要包括货币资金、短期投资、应收及预付款项、待摊费用、存货等。

（1）货币资金

货币资金是以货币形态存在的资产，包括库存现金、银行存款、有价证券等。库存现金和银行存款是汽车维修企业最主要、最灵活的流动资产，统称为现金。

（2）短期投资

短期投资是指企业可以随时变现并且持有时间不准备超过 1 年（含 1 年）的投资，包括股票、债券、基金等。

（3）应收及预付款项

应收及预付款项是指企业在日常生产经营过程中产生的各项债权，包括应收账款、应收票据、其他应收款、预付账款等。其中，应收账款、应收票据及其他应收款等是因为企业销售了产品或提供了维修服务等应收未收的款项，或企业内部职工因公借款未还的款项。预付账款是因为企业因购买设备、材料及配件等而预先支付给供货方的款项。

（4）待摊费用

待摊费用是指企业已经支出但应当由本期或以后各期负担的、分摊期在 1 年以内（含 1 年）的各项费用，如低值易耗品摊销、预付保险费、大额印花税等。待摊费用按其受益期限在 1 年之内分期平均摊销，计入成本、费用。如果某项待摊费用已经不能使企业获益，应当将其摊余价值一次性计入成本、费用，不得留待以后各期摊销。

（5）存货

存货是指企业在生产经营过程中持有以备出售，或者仍处在生产过程中，或者在生产或提供劳务过程中将消耗的材料和物资等，如各种材料、商品、在产品、半成品、产成品等。汽车维修企业需要储备较多的维修配件、原材料和工具等，由于存货经常处于不断地销售和重置或者耗用和重置之中，具有鲜明的流动性，所以存货管理是汽车维修企业资产管理中的难点和重点。

汽车维修企业存货管理的方法是在厂长的直接领导下，实行归类分级管理，建立存货管理责任制，将目标计划层层分解，落实到基层单位和个人；按照实物管理与价值管理相结合的原则，由财务部门编制存货计划，核定存货资金；由物资供应部门严格控制库存，定期盘点，发现盘盈、盘亏或毁损等情况，应及时查明原因进行处理；由生产部门节约使用，严禁浪费等。

4. 长期投资

长期投资是指除短期投资以外的投资，包括持有时间准备超过 1 年（不含 1 年）各种股权性的投资、不能变现或不能随时变现的债券、长期债权投资和其他长期投资等。股票投资与债券投资是最常见的长期投资形式。汽车维修企业一般规模较小，所以长期投资方面的业务较少。

5. 无形资产

无形资产是指企业为生产产品或提供劳务、出租给他人或为管理目的而持有的、没有实物形态的非货币性资产，包括专利权、非专利技术、商标权、著作权、土地使用权、商誉等。无形资产按其可辨认性分为可辨认无形资产和不可辨认无形资产；按期限可分为有期限无形资产和无期限无形资产。

6. 递延资产

递延资产是指企业发生的虽然不能全部计入当年收益，但可在以后年度内分期摊销的各项费用，包括企业开办费、租入固定资产的改良费以及摊销期限在 1 年以上的待摊费用等。

7. 其他资产

其他资产是指企业除固定资产、流动资产、长期投资、无形资产、递延资产以外的资产，如特殊储备物资、冻结资产等。

四、汽车维修企业经营分析

1. 汽车维修企业常用的经营分析公式

作为汽车维修企业经营管理者，应配合财务报表和维修管理数据，掌握以下内容：

（1）生产效率。生产效率是指维修人员完成维修后，该工单的标准作业工时和实际打卡工时的百分比。生产效率过低表示维修技师没有在合理的时间内修好车辆，有可能是技师技能不足，还有可能是车间的设施、设备不够完善，内部流程不畅，这最终会影响维修企业的维修效率，降低其营业能力。维修企业的实际生产效率的最小值一般不低于 85%。

$$生产效率=\frac{标准工时}{技师实际完工时间}\times 100\%$$

（2）零件库存周转率。零件库存周转率是指零件销售成本和平均库存成本的比例。周转率过低表明维修企业的库存结构不合理，或者总零件库存相对于车辆保有量来讲太大。这会占用大量资金，影响维修企业的零件盈利能力，增加呆滞件风险，容易造成死库存，对资金进行浪费。

$$零件库存周转率=\frac{该期间的零件销售成本}{（初期库存成本+期末库存成本）/2}$$

（3）呆滞件比例。呆滞件比例是指呆滞件在总库存中所占的比例（以金额计算）。呆滞件库存比例高会影响维修企业的现金流和盈利能力，同时占用库存空间，增加仓储管理风险。

$$呆滞件比例=\frac{呆滞件的库存金额}{总库存金额}\times 100\%$$

（4）返修率。返修率是指重复开单维修车辆同当期总维修台次的比例，一般控制在5%以内。过高的（内 / 外）返修率会增加时间和成本消耗，同时影响客户满意度。

$$（内/外）返修率 = \frac{（内/外）重复维修台次}{当期总维修台次} \times 100\%$$

2. 分析对比

分析对比就是将当期内实际达到的维修产值结果同某一可供参考的产值相比较。在维修企业实际业务中，作为对比标准的主要有三种。

（1）同初期制订并分解的月度产值预定目标计划和当期月度实际完成产值相比，计算出业务达标率。

（2）同上年度同期业务实际产值相比，计算出同期维修产值增长率。此项不适用增长型维修企业。

（3）同上月维修业务总产值相比，计算出当前维修业务产值增长率。.

【案例分析】

汽车维修企业财务管理应遵守国家的财务管理制度，如《中华人民共和国会计法》《中华人民共和国公司法》等，汽车维修企业财务管理除遵守国家法律法规和财务制度外，还应根据企业自身的具体情况，制定适合的财务管理制度，如内部稽核制度、财会交收制度、现金管理制度、成本核算制度、资产管理制度、会计交接制度等。

案例中的汽车维修企业的财务管理不符合财务管理制度，不能交由个人全权处理。虽然企业规模不大，也应根据自身情况，制定出符合规定且合适的财务管理制度。另外，小张对人员成本、配件成本等财务数据不清楚，经营过程中忽略这些管理数据，整日盲目地施工作业，导致经营管理严重疏漏。

【评价与讨论】

一、自评与互评

结合本节学习目标，对知识掌握情况进行自评与互评，见表 6–1。

表 6–1　　自评与互评

评价内容	自评	互评
能否理解汽车维修企业财务管理的内容（25 分）		
能否理解汽车维修企业财务管理的目标和任务（25 分）		
能否准确叙述汽车维修企业资产管理的内容（25 分）		
能否应用常用的经营分析公式分析汽车维修企业的经营状况（25 分）		
总评（学生自评 40%+ 小组互评 60%）		

二、小组讨论

1. 案例中的汽车维修企业每月的固定支出成本有哪些?
2. 如何结合财务报表等数据分析汽车维修企业的经营现状?

第二节　汽车维修企业人力资源管理

学习目标

1. 理解人力资源管理的概念和内容。
2. 掌握汽车维修企业人力资源规划的方法。
3. 掌握汽车维修企业人员招聘的方法。
4. 掌握汽车维修企业员工培训的内容。

【案例导入】

老张从事人力资源管理十多年，从业经验丰富，组织协调能力和人际沟通能力非常强。经朋友介绍，决定任职于当地一家具有相当规模的汽车维修企业的人力资源管理部门。经了解，这家店目前维修业绩下滑，保险业务少，员工工作效率低但工资却需逐年增加，学徒工招聘困难，技能培训人员缺乏。该企业的人力资源经理工作经验尚浅，对于员工的招聘、培养、任用等没有长期的计划。老张认为，如果一家汽车维修企业的业绩差，缺乏技能培训，员工成长空间小，则不利于企业招聘，这种负面影响持续时间长后，企业会失去专业维修技师的支撑，一线业务无法正常开展，从而形成恶性循环。

那么，一家汽车维修企业该如何正确进行人力资源管理呢?

【知识准备】

一、人力资源管理概述

汽车维修企业要进行生产就必须具备一定的资源，这些资源包括自然资源（如土地等）、资本资源（如资金、设备、场地等）以及人力资源。

1. 人力资源的概念

人力资源是指存在于人的体能、知识、技能、能力、行为特征与倾向等载体中的经济资源。由此定义可见，首先，人力资源是可以开发和利用的；其次，使用人力资源需要依据其贡献的大小按照经济规律支付相应的报酬，人力资源是能够给企业带来效益的资源；最后，人力资源是通过其体能、知识、技能、能力、个性行为特征与倾向等载体的形式表现出来的，对企业而言，其载体的最终表现结果就是绩效。

2. 人力资源管理的概念

人力资源管理是对人力资源进行有效开发、合理利用和科学管理的活动的总称，即运用现代化的科学方法，对与一定物力相结合的人力进行合理的培训、组织和调配，使人力、物力保持最佳比例，同时对人的思想、心理和行为进行恰当地诱导、控制和协调，充分发挥人的主观能动性，使人尽其才、事得其人、人事相宜，以提高企业效益。

3. 人力资源管理的工作内容

（1）人力资源规划

根据企业的发展战略和经营计划，收集和分析人力资源供给与需求的信息和资料，预测人力资源供需的发展趋势，制定招聘、调配、培训等政策和措施。

（2）员工招聘与配置

按照企业经营战略规划的要求把优秀、合适的人招聘进企业，把合适的人放在合适的岗位。

（3）员工培训

企业通过学习、训导等手段，提高员工的工作能力、知识水平和潜能发挥，最大限度使员工的个人素质与工作需求相匹配，进而促进员工现在和将来的工作绩效的提高。

（4）绩效考评

绩效考评从内涵上说就是对人及其工作状况和工作结果进行评价，通过评价体现人在组织中的相对价值或贡献程度。从外延上来讲，就是有目的、有组织地对日常工作中的人进行观察、记录、分析和评价，通过绩效考核来考察员工的工作态度、工作能力、工作业绩等。

（5）薪酬管理

合理科学的薪酬体系关系到员工队伍的稳定。人力资源管理部门要从员工的资历、职称、岗位及实际表现和工作绩效等方面，来为员工制定相应的、具有吸引力的薪酬制度。

（6）劳动关系管理

员工一旦被企业聘用，就与企业形成了一种雇用与被雇用的、相互依存的劳资关系，为了保护双方的合法权益，有必要就员工的薪酬、工作条件、工作环境等事宜达成一定协议，签订劳动合同。

在上述的人力资源管理的工作内容里，与汽车维修企业密切相关的内容主要是员工培训、绩效考评和薪酬管理。

二、汽车维修企业人力资源规划

人力资源规划是指科学地预测、分析本企业在外界环境变化中的人力资源供给和需求的状况，制定必要的措施和政策，以确保企业在需要的时间和需要的岗位上获得各种需要的人才，实现企业的经营目标。

1. 汽车维修企业人力资源规划的原则

汽车维修企业人力资源规划需要与维修企业当前的发展规模、经营规模相匹配，同时需要对关键岗位人才进行储备，以适应发展、提升规模。

2. 汽车维修企业人力资源规划的内容

（1）人力资源管理总体目标和配套政策的总体规划。

（2）中长期不同职务、不同部门或不同岗位分工和人员的配备计划。

（3）需要补充人员的岗位、数量，人员要求的确定及招聘计划。

（4）人员职务晋升政策。

（5）技能提升培训开发计划、岗位规划计划。

（6）人才储备计划。

3. 汽车维修企业人力资源规划的步骤

（1）搜集有关的信息资料。

（2）确定人力资源需求，对当地汽车后市场人员供给进行预测。

（3）确定各部门岗位人员的总需求。

（4）确定人力资源目标。

（5）制定具体的规划及方案。

（6）对人力资源规划方案进行审核、评估，确保当地市场政策可供执行。

4. 人力资源不平衡的解决方法

（1）当人力资源供大于求

合理合法对服务态度差、意识薄弱、纪律差、执行力差、技术水平低且无法进步提升的员工进行调岗或解除劳动合同；合并或撤销一些盈利差、产值贡献度低的部门；制定相应薪酬制度、绩效考评办法、政策激励措施，鼓励员工提升技能；提高技能差距下的收入差距。

（2）当人力资源供小于求

适当对不同岗位之间人员择优按能力调配；进行岗位职责修订，提高劳动生产率；在保证维修质量的情况下，对部分业务进行外包；参与校企合作，进行维修人员提前培养，增加企业好感度；制定高技能人才引进培养方案，提升整体维修水平。

三、汽车维修企业员工招聘

随着汽车维修企业、汽车快修快保连锁企业大量增加，对汽车维修人员需求巨大，加之汽车行业更新迭代速度快，培养一个技能型人才需要大量时间和精力，维修人员自主创业屡见不鲜，汽车行业人才招聘已经成为这个行业一大难题。

1. 员工招聘考虑的因素

招聘新员工要考虑到企业业务能否满足新增员工的工资和福利。对大多数汽车维修企业来说，劳动力报酬是企业最大的固定支出。企业业务繁忙的时候，需要足够多的修理工为客户服务，而在维修淡季，支付工资给几乎无事可做的修理工对企业领导者来说可不是一件轻松的事情。因此，汽车维修企业员工招聘时要考虑以下几个因素：

（1）按需求确定。无论从长期还是短期来考虑，招聘的员工应对企业的发展有帮助，而不能成为负担。要做到少而精、宁缺毋滥是员工招聘的基本原则。

（2）内部兼职。当有人辞职或调到其他岗位时，就需要人员填补职位空缺。首先评估内部员工提高收入待遇下兼职是否可行，第二步才应考虑新员工招聘。

（3）人才储备。一些关键岗位应有人才储备，且要做到 20% 核心人员储备率。否则关键岗位的人员离职，短期内企业收益将严重受损。

（4）长期发展计划。如果汽车维修企业有长期的发展计划，就应该提前进行人才储备，做好人才晋升规划。

2. 员工招聘途径

员工招聘可选择外部招聘和内部选拔相结合的方法。内部选拔就是将企业内部优秀的人才选拔到空缺岗位上，这种方法在汽车维修企业采用最多，而外部招聘人员入职需要一个适应过程，特别是一些车型专修的企业，人员外聘难度更大。

（1）传统招聘方法

可通过熟人介绍，一般由企业现有员工或与企业有业务来往的人员介绍，还可以到同类企业中利用某些优惠条件吸引人才。

（2）现代招聘方法

现代汽车维修企业招聘员工时一定要公开招聘，可采用媒体、电台、网络广告，这种方式宣传力度大、人员来源广、选择余地大，利于找到优秀人才；还可通过校企合作院校招聘；或委托中介机构，这样做可以节省企业的人力、物力；还有人才市场招聘。

3. 员工招聘原则

（1）要本着“直接选，越级聘”的原则，即选聘某一岗位人员时，选择权归这个岗位的直接上级，而聘用权则归其上级的上级。这样做的目的主要是为建立用人方面的相互制约机制。

（2）做到合理化、科学化，给所有竞聘人员提供公平竞争的机会。

四、汽车维修企业员工培训

在一个汽车维修企业里，当新的技术、工作方法、管理程序及系统要推行时，需要培训；当岗位职责和任务发生变动时，需要培训；当员工的绩效经常不能达到预期的目标时，需要培训。总之，企业要赢得很高的经济效益及未来的竞争，就需要培训。

1. 培训的概念

培训是汽车维修企业为了提高劳动生产率和员工对职业的满足感，以组织、计划和实施的形式对企业各类人员进行的一种教育投资活动，是通过员工对培训内容转化为工作行动以有效地为企业生产经营活动服务的过程。概括地说，培训是给新雇员工或现有员工传授其完成本职工作所必需的基本技能的过程。

2. 培训的形式分类

（1）从培训与工作的关系来划分，分为在职培训、脱产培训和半脱产培训。

在职培训即人员在实际工作中利用现有的人力、物力来实施培训，它很经济，培训对象不脱离岗位，不影响工作或生产，但这种培训往往缺乏良好的组织，不太规范，会影响培训效果。

脱产培训即受训者脱离工作岗位，专门接受培训。由于培训的针对性强，加上学员没有工作压力，时间集中，精力集中，知识技能水平会提高很快，但这种培训需要一定的资金，设置专门的场所，成本较高。

半脱产培训介于以上两种形式之间，可在一定程度上克服两者的缺点，吸纳其优点，从而较好地兼顾费用和质量。

（2）从培训的目的来划分，分为文化补习、学历教育、岗位技能培训。

文化补习的目的在于增加受训者的科学文化知识，提高其基本素质，这类培训的对象主要是学历低、从事简单劳动的一般人员。

学历教育的目的是全面提高受训者的专业素质，表现为高学历。

岗位技能培训是从工作的实际需要出发，围绕着岗位的特点进行有针对性的培训。

（3）从培训的层次上来划分，分为高级（高层）培训、中级（中层）培训、初级（基层）培训。

初级培训侧重于一般性的知识和技术方法；中级培训适当增加有关理论的课程；高级培训则侧重于学习新理论、新观念、新方法。

3. 培训的前期准备

（1）确定培训需求

在培训前，应科学地分析员工的培训需求，包括分析员工现状、员工的培训需求、员工的期望等。太匆忙地实施培训，往往会忽视员工真实而具体的培训需求，忽略企业的培训措施是否恰当的问题，从而导致培训工作与企业的现实问题和目标彼此脱钩。

（2）设计培训计划

培训计划作为企业培训的组成部分，决定了整个培训过程的成功与否。培训计划应包括培训目的、培训目标、培训对象、培训规模、培训时间、培训地点、培训教师、培训方式、培训费用等。

（3）进行培训准备

培训条件的准备包括培训环境的营造、培训场所的布置、培训工具的选择、培训教材的准备、培训师的选聘等一系列的工作。

（4）选择培训方法

培训方法的选择要和培训内容紧密相关，不同的培训内容应采用不同的培训方法。直接传授培训方式（如讲授法、专题讲座法、研讨法）适用于知识类培训；实践性培训方式（如工作指导法、工作轮换法、特别任务法、个别指导法）适用于以掌握技能为目的的培训；参与式培训（如自学、案例研究法、头脑风暴法、模拟训练法、敏感性训练法等）适用于综合能力提高与开发的培训。

【案例分析】

汽车维修行业的技能人员培养周期较长，短时间内很难补充，加上受汽车维修企业工作环境影响，愿意从事汽车维修行业的人员数量减少，导致整体出现了技能人员供应紧张的现象。随着车型不断更新迭代，新技术层出不穷，对汽车维修人员的专业知识储备要求越来越高。作为企业管理者，应重视高技能人才的培养、提升和储备，了解当地汽车市场环境，结合工作岗位的性质，分析员工现状，利用维修空闲时间进行内部培训，以此形成强有力的保障，为维修企业持久、高质量发展奠定基础。

汽车维修企业需要在招聘管理、培训提升、绩效激励、人才储备等多个环节上有序衔接，才能保证维修基础业务正常开展。没有好的维修技师和好的团队管理，很难做好一家汽车维修企业。汽车维修企业人力资源管理应作为汽车维修企业管理的重点，其管理难度不亚于经营管理。作为管理者，不能仅凭经验，应运用科学的管理方法进行人力资源管理。

【评价与讨论】

一、自评与互评

结合本节学习目标，对知识掌握情况进行自评与互评，见表 6–2。

表 6-2　　自评与互评

评价内容	自评	互评
能否理解人力资源管理的概念和内容（25 分）		
能否准确叙述汽车维修企业人力资源规划的方法（25 分）		
能否准确叙述汽车维修企业人员招聘的方法（25 分）		
能否准确叙述汽车维修企业员工培训的内容（25 分）		
总评（学生自评 40%+ 小组互评 60%）		

二、小组讨论

1. 汽车维修企业招聘员工时需要考虑哪些因素？新员工入职如何做到快速上岗？

2. 如果你是案例中这家汽车维修企业的人力资源部门负责人，应该如何进行员工招聘和培训提升？请结合所学知识进行分析。

第三节　绩效考评与薪酬管理

学习目标

1. 掌握汽车维修企业激励机制的内容。
2. 掌握绩效考评的作用、内容和方法。
3. 掌握薪酬管理的内容。

【案例导入】

老张经营着一家汽车维修厂，以维修豪华品牌汽车为主，已经聘请职业经理人经营多年，效益还不错。他在通过自己学习管理知识后，决定亲自管理公司。他大幅缩减了日常开支，压缩维修耗材，并对店内几个资深的维修技师进行降薪，加大返修处罚力度。一段时间后，一线维修人员大量离职，仅剩的一些学徒工无法满足日常经营要求，导致大量客户投诉并流失。公司人力资源部门重新修订绩效政策和薪资方案时，发现那些离职的老员工已有了新的岗位，短时间内也不愿意再回到公司。再次招聘时，汽车维修岗位人才稀缺，偶尔有来应聘的也因没有维修经验而无法直接上岗。经过一个季度的运营，最终因经营困难而停止营业。这家维修企业的经营管理到底出了哪些问题？如何制定绩效考评与薪酬管理制度以提升维修企业效益？

【知识准备】

一、汽车维修企业的激励机制

汽车维修企业利用适当的诱因和办法去满足员工的需要，适当时间给予工作的肯定和表扬可以激励员工的工作积极性，提高其工作效率。激励机制包括物质激励和精神激励。

1. 物质激励

（1）提高工资。合理地提高员工工资可直接反映员工的工作绩效，一定程度上是对员工当前行为的肯定和鼓励。

（2）奖励制度。奖励员工在某一项目或某一时间内的特殊贡献，往往以奖金或等价物质的形式出现。

（3）各种福利。包括养老保险、带薪休假等。

（4）长期激励。体现员工长期的价值，如配乘用车、分配住宿房等。

2. 精神激励

（1）荣誉激励。表彰员工在某一方面的特殊贡献，可突出事迹、颁发证书、公告表扬等。

（2）感情激励。关心员工的工作和生活，通过沟通、谈心、交流等为员工进行岗位规划等。

（3）参与激励。让员工提升至管理岗或直接参与维修经营管理，为企业管理贡献力量、献计献策。

（4）教育激励。为维修企业员工提供受教育的机会，如专项技能培训、管理类培训等。

二、绩效考评

绩效是指员工在工作过程中所表现出来的，与企业目标相关的工作业绩、工作态度和工作能力等。绩效考评是一个确定和沟通员工的工作绩效并制订改进计划的过程。如果绩效考评进行得恰当，不仅可以帮助员工知道自己的工作表现，而且还能影响他们未来的努力程度和工作方向。

1. 绩效考评的作用

（1）用于薪酬分配和调整。绩效考评的结果能够用来确定和调整员工的薪酬，这是绩效考评的一种普遍用途。一般来说，在员工的薪酬体系中，总有一部分薪酬是与绩效相关的。

（2）用于员工培训和开发。绩效考评的信息还能为确定个人和企业对培训和开发方面的需要提供必要的依据。通过绩效考评，员工可以鉴别自身的优缺点，可以知道自己哪些地方有所不足，而不足之处就是企业和个人今后培训和开发的方向。

（3）用于工作岗位的调配。绩效考评的结果也可以为工作岗位的调配提供一定的信息。员工在某方面绩效突出，就可以让其在此方面承担更多的任务和责任；反之，也可以通过工作岗位的调整，将他安排到最能够发挥其能力的岗位上去。

（4）用于选拔效果的衡量。绩效考评的结果还可以用来衡量招聘选拔程序的有效性。如果选拔出来的优秀人才实际工作后绩效考评的结果确实很好，那就说明当初的选拔程序是有效的；反之，则说明选拔程序不够有效。

2. 绩效考评体系

（1）考评指标及标准

指标与标准是两个不同的概念。一般来说，指标是指从哪些方面对工作产出进行衡量或评估；而标准是指在各个指标上分别应该达到什么样的水平。例如，在考核销售业绩时，可以先界定“年销售额”这样的指标，然后再为这一指标设定“年销售额达到200 万元”这样的绩效标准来具体评估。

（2）考评的执行者

考评的执行者是确保绩效考评系统有效运行的主体。合格的考评执行者应当了解被考评者的工作性质、工作内容、工作要求和绩效标准，熟悉被考评者的工作表现和工作结果，在对被考评者进行评价时，它应当是公正客观的。绩效考评的参与者可能涉及人力资源专职人员、被考评者的上级、被考评者的下级、被考评者的同事、被考评者本人以及其他外部人员。

（3）考评的方法

绩效考评方法的选择将直接影响到绩效考评的效果。常用的考评方法有：

1）简单排序法。按照员工行为或工作业绩的好坏等考评指标把员工从最优到最差进行排序，并将考评结果作为人事变动或薪资奖金等决策的依据。

2）交替排序法。采用交替排序法时，需要把被考评员工的姓名罗列出来；然后在罗列的名单中，按某个考评指标，选出其中最有价值和最没有价值的员工，将他们分别作为第一名和最后一名；接着再从剩余的名单中找出最有价值的和最没有价值的员工，将他们分别作为第二名和倒数第二名；不断反复，直到所有员工被排序。

3）配对比较法。将每一位员工与其他员工一一配对，分别进行比较。基本做法是，按照某个考评指标将每一位员工与其他员工进行比较。

4）等级评定量表法。考评者根据员工的工作量、工作知识、工作纪律性和协作性等考核指标而对员工进行考评。具体操作方法是：对每一个考评指标给出不同等级的定义和描述，然后按照给定的等级定义进行评估，最后再给出总体评价。

5）行为观察量表法。考评者根据员工工作中某种行为发生的频率来对被考评者的这一指标进行打分，最后汇总不同指标的得分以得出总体评价。如表 6–3 是一个员工“工作主动性”的行为观察量表。

表 6–3　　行为观察量表法：“工作主动性”考评表

考评指标：“工作主动性”
工作主动性定义：员工是否积极主动完成工作，不需要上级督促
【　】5 分—总是（概率为 95% ~ 100%）
【　】4 分—经常（概率为 75% ~ 94%）
【　】3 分—一般（概率为 51% ~ 74%）
【　】2 分—有时（概率为 25% ~ 50%）
【　】1 分—偶尔（概率为 1% ~ 24%）
【　】0 分—从不（概率为 0）

6）书面描述法。以文字叙述的形式来描述员工的工作绩效，最常见的是以一篇书面鉴定来进行考评。此方法形式灵活、简便易行，一直是我国传统的考评方法之一。

三、薪酬管理

薪酬是员工因向其所在单位提供劳动或劳务而获得的各种形式的酬劳或答谢，其实质是一种公平的交易或交换关系，是员工在向单位付出其劳动或劳务后获得的报酬。

1. 薪酬组成

薪酬通常包括工资、奖金、津贴、福利等。

（1）工资

工资可分为基本工资、激励工资和绩效工资三类。基本工资是指员工只要仍在企业就业，就能定期拿到的一个固定数额的劳动报酬。激励工资是指随员工工作努力程度和劳动成果的变化而变化的部分。激励工资有类似奖金的性质，具体形式有计件工资、销货提成、佣金等。绩效工资是指当员工工作卓有成效，为企业做出突出贡献后，企业以提高基本工资的形式付给员工的报酬。

（2）奖金

奖金是单位对员工超额劳动部分或劳动绩效突出部分所支付的奖励性报酬，是单位为了鼓励员工提高劳动效率和工作质量付给员工的货币奖励。奖金的表现形式包括红利、利润分享、员工持股及通常所说的奖金等。

（3）津贴

津贴是指为了补偿员工特殊或额外的劳动消耗和因其他特殊原因支付给员工劳动报酬的一种工资形式。津贴包括保健性津贴、技术性津贴、年功性津贴及其他津贴等。

随着汽车维修市场的快速发展，以及汽车车型更新迭代速度的加快，对维修技师的需求越来越高。相反，人民生活水平不断提高，就业平均工资水平也提高，汽车维修企业招人难成为一个摆在企业面前的难题。许多维修企业对维修企业岗位中的维修技师增加各种津贴，以最大限度地留住员工。企业不断鼓励员工提升学历，提高技能水平，以延长员工在本企业服务工作年限。

（4）福利

福利作为一种劳动报酬，是指工资和奖金之外的员工待遇，是一种企业内部再分配的形式，用于满足员工的共同需求和长远利益。福利性薪酬有货币性的，也有非货币性的，以非货币性为主。例如，社会保险、带薪休假、廉价住房、免费午餐、免费交通、子女入托服务等。

2. 薪酬激励

当企业达到了一定的经营绩效时，它通过向员工支付薪酬来向他们提供激励。无论采取何种薪酬方案，其目的都是激励员工，企业使用的激励方式是多种多样的，可以将其分为个人薪酬激励和团队薪酬激励两大类。

（1）个人薪酬激励

不同员工群体之间存在着很大差异，这种差异体现在工作本身的要求、职位特征、工作成果的可衡量度等诸多方面，因此，特定员工群体的薪酬制度，必须根据企业自身传统、相关员工群体的特征以及不同员工群体间的差别来分别进行设计。个人薪酬激励包括生产工人的薪酬激励（如计件工资制、计时工资制）、销售人员的薪酬激励（如直接薪资制、纯佣金计划、总额分解模式等）、专业技术人员的薪酬激励（包括基本薪金、福利、奖金等）、基层管理人员的薪酬激励（包括基本薪金、奖金、福利等）、中高层管理人员的薪酬激励（包括基本薪金、短期激励计划、长期激励计划、福利与服务等）。

（2）团队薪酬激励

随着社会分工的日益细化，越来越多的工作都需要多个人共同完成。个人激励往往会导致员工只是关注那些有利于自己获得报酬的事情，而团队激励则可以引导员工之间的相互合作，提高他们对企业整体利益的关注。团队激励主要有以下几种形式：

1）集体计件工资。用集体完成的合格和视同合格的产品数量，乘以计件单位，再减去工废品赔偿金额的方法计算出来的工资。

2）利润分享计划。员工根据公司整体业绩获得年终奖或者股票，或者是以现金延期支付的形式得到的红利。

3）收益分享计划。企业提供的一种与员工分享因生产率提高、成本节约和质量提高而带来的收益的绩效奖励模式。

【案例分析】

经营管理人员往往一看到成本增加，人员支出费用大，效益开始下滑，就会采取降低费用支出的办法。案例中的老张未仔细研究维修企业员工薪资待遇以及绩效考评的管理措施和方法，仅是简单粗暴地降薪裁员以缩减财务支出。

作为管理人员要根据企业自身传统、相关员工群体的特征以及不同员工群体间的差别来分别设计薪酬管理制度和绩效考评办法。比如，对车间维修技师可根据自身素质不同，采取按照学历、技能等级、主修工种级别等拉开底薪差距，按维修工时收入进行提成；可将月度工作量设定等级，完成相应等级后进行提成系数累加，超额完成维修产值计划的人员辅以额外奖励；对优秀维修人员提供外出强化培训的机会，给予优秀员工认定等，让他们从物质上、精神上都有所收获，在整个团队里树立榜样，以此激励整个团队积极向上。

企业业绩的下滑，主要责任人一般为实际管理人员，而并非一线作业人员。要保证维修企业业绩，需要强大的技师团队做基础，而人员的提升和薪资待遇将会是重点。对于一家维修企业，在人员薪资问题上应多正面激励，即做加法。例如，每开拓一个新的业务项目，则应增加相应的提成。对每一个管理弱项进行提升时，那些参与进来献计献策的员工都应得到肯定并奖励。许多优秀的企业采用利润分享计划，对绩效考评也进行了正向激励，均取得了较好的效果。

【评价与讨论】

一、自评与互评

结合本节学习目标，对知识掌握情况进行自评与互评，见表 6–4。

表 6–4　　自评与互评

评价内容	自评	互评
能否准确叙述汽车维修企业激励机制的内容（20 分）		
能否准确叙述绩效考评的作用、内容和方法（60 分）		
能否准确叙述薪酬管理的内容（20 分）		
总评（学生自评 40%+ 小组互评 60%）		

二、小组讨论

1. 对于汽车维修企业员工绩效考评的方法，你认为还有哪些方面需要提升和补充?
2. 汽车维修企业的个人激励机制应如何实施?

第七章 汽车三包、召回及保修管理

第一节 汽车三包管理

学习目标

1. 了解汽车三包的内容。
2. 掌握汽车三包涉及的三方义务。
3. 掌握汽车三包的责任、责任免除与处理。
4. 了解汽车三包索赔工作流程。

【案例导入】

小张购买了一辆进口混动 SUV 车辆，行驶里程大约为 20 000 km，在使用一年半时仪表上混动故障灯亮起，经销商检测认为是车辆误报故障码，于是删除了故障码。一个月后，仪表故障灯又亮起，经销商检测是同一故障码，再次删除了故障码。又经过一个月，相同情况第 4 次出现时，经销商为车辆更换了新的驱动电机，更换驱动电机后的一个半月内，相同故障码仍然多次出现，经销商均只做了删除故障码处理。小张认为车辆有严重的安全隐患，要求全额退回购车款或更换新车，经销商则认为已遵照生产厂家维修手册进行维修，并未有其他过错，不同意小张的要求。案例中经销商的行为是否合理？

【知识准备】

一、汽车三包的内容

三包指包修、包换和包退。

1. 包修

自购车之日起（以购车发票时间为准），在一定的质量保修期内，因质量问题引起的故障，采取换件或修复的方式恢复车辆性能。

2. 包换

自购车之日起（以购车发票时间为准），在一定的质量保修期内，因严重的质量问题（如制动失效、转向失效、车体开焊、发动机抱死等），经修理仍达不到车辆主要技术性能指标的，消费者可以换车。

3. 包退

自购车之日起（以购车发票时间为准），在一定的质量保修期内，如果出现严重的质量问题（如制动失效、转向失效、车体开焊、发动机抱死等），消费者可以退车。

二、汽车三包涉及的三方义务

1. 生产者义务

（1）生产者生产的家用汽车产品应当符合法律法规规定以及当事人约定的质量要求，未经检验合格的产品，不得出厂销售。

（2）生产者应当为家用汽车产品配备中文产品合格证或者相关证明、产品一致性证书、产品使用说明书、三包凭证、维修保养手册等随车文件。提供随车工具、附件等物品的，还应当附有随车物品清单。

（3）三包凭证应当包括下列内容：

1）产品品牌、型号、车辆类型、车辆识别代号（VIN）、生产日期。

2）生产者的名称、地址、邮政编码、客服电话。

3）销售者的名称、地址、邮政编码、客服电话、开具购车发票的日期、交付车辆的日期。

4）生产者或者销售者约定的修理者（以下简称修理者）网点信息的查询方式。

5）家用汽车产品的三包条款、包修期、三包有效期、使用补偿系数。

6）主要零部件、特殊零部件的种类范围，易损耗零部件的种类范围及其质量保证期。

7）家用纯电动、插电式混合动力汽车产品的动力蓄电池在包修期、三包有效期内的容量衰减限值。

8）按照规定需要明示的其他内容。

（4）生产者应当向市场监管总局备案生产者基本信息、车型信息、约定的销售和修理网点资料、产品使用说明书、三包凭证、维修保养手册和退换车信息等。备案信息发生变化的，生产者应当自变化之日起 20 个工作日内更新备案。

（5）生产者应当积极配合销售者、修理者履行其义务，不得故意拖延或者无正当理由拒绝销售者、修理者提出的协助、追偿等事项。

2. 销售者的义务

（1）销售者应当建立进货检查验收制度，验明家用汽车产品的随车文件。

（2）销售者应当向消费者交付合格的家用汽车产品，并履行下列规定：

1）与消费者共同查验家用汽车产品的外观、内饰等可以现场查验的质量状况。

2）向消费者交付随车文件以及购车发票。

3）按照随车物品清单向消费者交付随车工具、附件等物品。

4）对照随车文件，告知消费者家用汽车产品的三包条款、包修期、三包有效期、使用补偿系数、修理者网点信息的查询方式。

5）提醒消费者阅读安全注意事项并按照产品使用说明书的要求使用、维护、保养家用汽车产品。

（3）消费者遗失三包凭证的，可以向销售者申请补办，销售者应当及时免费补办。

3. 修理者的义务

（1）包修期内家用汽车产品因质量问题不能安全行驶的，修理者应当提供免费修理咨询服务；咨询服务无法解决的，应当开展现场服务，并承担必要的车辆拖运费用。

（2）包修期内修理者用于修理的零部件应当是生产者提供或者认可的合格零部件，并且其质量不得低于原车配置的零部件质量。

（3）修理者应当建立修理记录存档制度。修理记录应当包括送修时间、行驶里程、消费者质量问题陈述、检查结果、修理项目、更换的零部件名称和编号、材料费、工时及工时费、车辆拖运费用、提供备用车或者交通费用补偿的情况、交车时间、修理者和消费者签名或者盖章等信息，并提供给消费者一份。

三、汽车三包的责任及责任免除

1. 三包责任

（1）家用汽车产品的三包有效期不得低于 2 年或者行驶里程 50 000 km，以先到者为准；包修期不得低于 3 年或者行驶里程 60 000 km，以先到者为准。三包有效期和包修期自销售者开具购车发票之日起计算。

（2）家用汽车产品在包修期内出现质量问题或者易损耗零部件在其质量保证期内出现质量问题的，消费者可以凭三包凭证选择修理者免费修理。修理者能够通过查询相关信息系统等方式核实购买信息的，应当免除消费者提供三包凭证的义务。

（3）家用汽车产品自三包有效期起算之日起 60 日内或者行驶里程 3 000 km 之内，发动机、变速器、动力蓄电池、行驶驱动电动机等主要零部件出现质量问题的，消费者可以凭三包凭证选择更换发动机、变速器、动力蓄电池、行驶驱动电动机等，修理者应当免费更换。

（4）家用汽车产品在包修期内因质量问题单次修理时间超过 5 日（包括等待修理零部件时间）的，修理者应当自第 6 日起为消费者提供备用车，或者向消费者支付合理的交通费用补偿。销售者与消费者另有约定的，按照约定的方式予以补偿。

（5）家用汽车产品自三包有效期起算之日起 7 日内，因质量问题需要更换发动机、变速器、动力蓄电池、行驶驱动电动机或者其主要零部件的，消费者可以凭购车发票、三包凭证选择更换家用汽车产品或者退货。销售者应当免费更换或者退货。

（6）家用汽车产品自三包有效期起算之日起 60 日内或者行驶里程 3 000 km 之内（以先到者为准），因质量问题出现转向系统失效、制动系统失效、车身开裂、燃油泄漏或者动力蓄电池起火的，消费者可以凭购车发票、三包凭证选择更换家用汽车产品或者退货。销售者应当免费更换或者退货。

（7）家用汽车产品在三包有效期内出现下列情形之一，消费者凭购车发票、三包凭证选择更换家用汽车产品或者退货的，销售者应当更换或者退货：

1）因严重安全性能故障累计修理 2 次，但仍未排除该故障或者出现新的严重安全性能故障的。

2）发动机、变速器、动力蓄电池、行驶驱动电动机因其质量问题累计更换 2 次，仍不能正常使用的。

3）发动机、变速器、动力蓄电池、行驶驱动电动机、转向系统、制动系统、悬架系统、传动系统、污染控制装置、车身的同一主要零部件因其质量问题累计更换 2 次，仍不能正常使用的。

4）因产品质量问题累计修理时间超过 35 日，或者因同一质量问题累计修理超过 5 次的。

（8）销售者为消费者更换家用汽车产品或者退货，应当赔偿消费者车辆登记费用，销售者收取的扣除相应折旧后的加装、装饰费用，销售者向消费者收取的相关服务费用。

2. 三包责任免除

包修期内家用汽车产品有下列情形之一的，可以免除销售者对下列质量问题承担的三包责任：

（1）消费者购买时已经被书面告知家用汽车产品存在不违反法律法规或者强制性国家标准的瑕疵。

（2）消费者未按照使用说明书或者三包凭证要求，使用、维护、保养家用汽车产品而造成的损坏。

（3）使用说明书明示不得对家用汽车产品进行改装、调整、拆卸，但消费者仍然改装、调整、拆卸而造成的损坏。

（4）发生质量问题，消费者自行处置不当而造成的损坏。

（5）因不可抗力造成的损坏。

3. 三包责任争议处理

（1）协商和解。请求消费者协会或者依法成立的其他调解组织调解；向市场监督管理部门等有关行政机关投诉；根据当事人达成的仲裁协议提请仲裁机构仲裁；向人民法院提起诉讼。

（2）鼓励有关组织建立第三方家用汽车产品三包责任争议处理机制，为消费者免费提供公正、专业、便捷、高效的汽车三包责任争议处理服务。

（3）市场监督管理部门处理三包责任争议投诉举报，按照市场监督管理部门有关投诉举报处理的规定执行。

四、三包索赔流程

1. 索赔

索赔是特约服务站对在质量担保期内损坏的车辆进行免费维修，并由汽车生产厂家服务部结算给特约服务站维修费用的服务方式。

2. 索赔内容

（1）车辆正常索赔的材料费、工时费。

（2）外出救援的交通、住宿等费用。

（3）厂家特殊要求适度延长的质量担保期。

3. 索赔工作流程

某品牌汽车特约服务站的索赔工作流程见表 7–1。

表 7–1　　　某品牌汽车特约服务站的索赔工作流程

负责人	流程	备注
客户	车辆进站报修	
服务顾问	接待、鉴定、登记	
服务顾问、索赔员	首保、保修	
汽车特约服务站	收费保养社会维修	执行社会维修流程
技工	保养、保修作业	
索赔员	录入索赔信息	在汽车营销服务系统上
索赔员或索赔件管理员	打印条码并粘贴	随时、准确
	检查维护信息并存入	确保数据完整、规范，符合规定 随时上传
汽车特约服务站、索赔件管理员	索赔件清单及相应资料	以月为单位按批次上报
服务管理科	索赔审核	
	结束	

【案例分析】

根据国家质量监督检验检疫总局发布的文件《家用汽车产品修理更换退货责任规定》规定，在家用汽车产品三包有效期内，因产品质量问题累计修理时间超过 35 日的，或者因同一产品质量问题累计修理超过 5 次的，消费者可以凭三包凭证、购车发票选择更换家用汽车产品或者退货，由销售者负责更换或退货。

案例中，小张购买的车辆因质量问题多次出现故障码，经销商通过删除故障码对车辆进行维修，也应计入修理次数和修理时间，且因产品质量问题累计修理时间已超过 35 天，小张可以要求更换车辆，经销商应负责更换。

【评价与讨论】

一、自评与互评

结合本节学习目标，对知识掌握情况进行自评与互评，见表 7–2。

表 7–2　自评与互评

评价内容	自评	互评
能否了解汽车三包的内容（25 分）		
能否准确叙述汽车三包涉及的三方义务（25 分）		
能否准确叙述汽车三包的责任、责任免除及处理（25 分）		
能否正确叙述汽车三包索赔工作流程（25 分）		
总评（学生自评 40%+ 小组互评 60%）		

二、小组讨论

1. 某品牌新车行驶 100 天，行驶里程约 3 000 km，按要求进行首保时发现变速器底部发生漏油，能要求更换新车吗?

2. 某客户购买新车，自行改装了汽车音响，行驶一个月内导致车辆多次因蓄电池馈电而无法启动，修理者每次都是进行搭电处理，即可恢复行驶，没有进行其他检查，直至第 7 次发现蓄电池已经损坏。以上情况消费者是否可以根据汽车三包规定要求进行换车处理?

第二节　汽车的召回管理

学习目标

1. 掌握汽车召回制度。
2. 理解车辆缺陷调查的含义。
3. 掌握车辆召回实施与管理。

【案例导入】

据公开资料显示，2021 年 12 月，特斯拉汽车（北京）有限公司、特斯拉（上海）有限公司根据《缺陷汽车产品召回管理条例》的要求，向国家市场监督管理总局（以下简称市场监管总局）备案了召回计划，召回生产日期在 2015 年 1 月 21 日至 2020 年 11 月 18 日期间的部分进口 Model S 电动汽车，共计 19 697 辆；召回生产日期在 2018 年 10 月 4 日至 2019 年 11 月 20 日期间的部分进口 Model 3 电动汽车，共计 35 836 辆；召回生产日期在 2019 年 10 月 14 日至 2020 年 12 月 27 日期间的部分国产 Model 3 电动汽车，共计 144 208 辆。

【知识准备】

一、汽车召回制度

汽车召回制度就是投放市场的汽车，发现由于设计或制造方面的原因存在缺陷，不符合有关法规、标准，有可能导致安全及环保问题，厂家必须及时向国家有关部门报告该产品存在的问题、造成问题的原因、改善措施等，提出召回申请，经批准后对在用车辆进行改造，以消除事故隐患。厂家还有义务让消费者及时了解有关情况，对于维护消费者的合法权益具有重要意义。

我国实施的汽车召回制度《缺陷汽车产品召回管理规定》自 2004 年 10 月 1 日起开始实施，由国家质量监督检验检疫总局、国家发展和改革委员会、商务部、海关总署联合制定发布，该规定的实施极大地维护了消费者的合法权益。2012 年 10 月 22 日中华人民共和国国务院令第 626 号公布《缺陷汽车产品召回管理条例》，自 2013 年 1 月 1 日起施行。市场监管总局负责全国缺陷汽车产品召回的监督管理工作。国家市场监督管理总局缺陷产品召回技术机构是市场监管总局缺陷产品管理中心，按照市场监管总局的规定承担缺陷汽车产品召回信息管理、缺陷调查以及召回管理中的具体技术工作。

二、汽车召回信息管理及车辆缺陷调查

1. 汽车召回信息管理

（1）市场监管总局负责组织建立缺陷汽车产品召回信息管理系统，汇总、分析有关缺陷汽车产品信息，备案生产者信息，发布缺陷汽车产品信息和召回相关信息。

市场监管总局负责与国务院有关部门共同建立汽车产品的生产、销售、进口、登记检验、维修、事故、消费者投诉、召回等信息的共享机制。

（2）市场监督管理部门发现本行政区域内缺陷汽车产品信息的，应当将信息逐级上报。

（3）生产者应当建立健全汽车产品可追溯信息管理制度，确保能够及时确定缺陷汽车产品的召回范围并通知车主。

（4）生产者应当保存汽车产品设计、制造、标识、检验的相关文件和质量控制信息；涉及安全的汽车产品零部件生产者及零部件的设计、制造、检验信息；汽车产品生产批次及技术变更信息；其他相关信息。生产者还应当保存车主名称、有效证件号码、通信地址、联系电话、购买日期、车辆识别代码等汽车产品初次销售的车主信息。

（5）生产者应当向市场监管总局备案生产者基本信息；汽车产品技术参数和汽车产品初次销售的车主信息；因汽车产品存在危及人身、财产安全的故障而发生修理、更换、退货的信息；汽车产品在中国境外实施召回的信息；技术服务通报、公告等信息；其他需要备案的信息。生产者依法备案的信息发生变化的，应当在20个工作日内更新。

（6）销售、租赁、维修汽车产品的经营者应当建立并保存其经营的汽车产品型号、规格、车辆识别代码、数量、流向、购买者信息、租赁、维修等信息。

（7）销售者、汽车产品零部件生产者应当向市场监管总局报告所获知的汽车产品可能存在缺陷的相关信息，并通报生产者。

2. 车辆缺陷调查

（1）生产者获知汽车产品可能存在缺陷的，应当立即组织调查分析，并将调查分析结果报告市场监管总局。生产者经调查分析确认汽车产品存在缺陷的，应当立即停止生产、销售、进口缺陷汽车产品，并实施召回；生产者经调查分析认为汽车产品不存在缺陷的，应当在报送的调查分析结果中说明分析过程、方法、风险评估意见以及分析结论等。

（2）市场监管总局负责组织对缺陷汽车产品召回信息管理系统收集的信息、有关单位和个人的投诉信息以及通过其他方式获取的缺陷汽车产品相关信息进行分析，发现汽车产品可能存在缺陷的，应当立即通知生产者开展相关调查分析。生产者应当按照市场监管总局通知要求，立即开展调查分析，并如实向市场监管总局报告调查分析结果。

（3）召回技术机构负责组织对生产者报送的调查分析结果进行评估，并将评估结果报告市场监管总局。

（4）存在下列情形之一的，市场监管总局应当组织开展缺陷调查：

1）生产者未按照通知要求开展调查分析的。

2）经评估生产者的调查分析结果不能证明汽车产品不存在缺陷的。

3）汽车产品可能存在造成严重后果的缺陷的。

4）经实验检测，同一批次、型号或者类别的汽车产品可能存在不符合保障人身、财产安全的国家标准、行业标准情形的。

5）其他需要组织开展缺陷调查的情形。

（5）市场监管总局、受委托的省级市场监督管理部门开展缺陷调查，可以进入生产者、销售者、零部件生产者的生产经营场所进行现场调查；查阅、复制相关资料和记录，收集相关证据；向有关单位和个人了解汽车产品可能存在缺陷的情况。

（6）与汽车产品缺陷有关的零部件生产者应当配合车辆缺陷调查，提供调查需要的有关资料。

（7）市场监管总局、受委托的省级市场监督管理部门开展缺陷调查，应当对缺陷调查获得的相关信息、资料、实物、实验检测结果和相关证据等进行分析，形成缺陷调查报告。省级市场监督管理部门应当及时将缺陷调查报告报送市场监管总局。

（8）市场监管总局可以组织对汽车产品进行风险评估，必要时向社会发布风险预警信息。

三、汽车召回实施与管理

1. 汽车召回实施

（1）生产者实施召回，应当按照市场监管总局的规定制订召回计划，并自确认汽车产品存在缺陷之日起 5 个工作日内或者被责令召回之日起 5 个工作日内向市场监管总局备案；同时以有效方式通报销售者。

生产者制订召回计划，应当内容全面，客观准确，并对其内容的真实性、准确性及召回措施的有效性负责。生产者应当按照已备案的召回计划实施召回；生产者修改已备案的召回计划，应当重新向市场监管总局备案，并提交说明材料。

（2）销售者获知汽车产品存在缺陷的，应当立即停止销售、租赁、使用缺陷汽车产品，并协助生产者实施召回。

（3）生产者应当自召回计划备案之日起 5 个工作日内，通过报刊、网站、广播、电视等便于公众知晓的方式发布缺陷汽车产品信息和实施召回的相关信息，30 个工作日内以挂号信等有效方式，告知车主汽车产品存在的缺陷、避免损害发生的应急处置方法和生产者消除缺陷的措施等事项。生产者应当通过热线电话、网络平台等方式接受公众咨询。

（4）车主应当积极配合生产者实施召回，消除缺陷。

（5）市场监管总局应当向社会公布已经确认的缺陷汽车产品信息、生产者召回计划以及生产者实施召回的其他相关信息。

（6）生产者应当保存已实施召回的汽车产品召回记录，保存期不得少于 10 年。

（7）生产者应当自召回实施之日起每 3 个月向市场监管总局提交一次召回阶段性报告。市场监管总局有特殊要求的，生产者应当按要求提交。生产者应当在完成召回计划后 15 个工作日内，向市场监管总局提交召回总结报告。

（8）生产者完成召回计划后，仍有未召回的缺陷汽车产品的，应当继续实施召回。

（9）市场监管总局对生产者召回实施情况进行监督或者委托省级市场监督管理部门进行监督，组织与生产者无利害关系的专家对消除缺陷的效果进行评估。受委托对召回实施情况进行监督的省级市场监督管理部门，应当及时将有关情况报告市场监管总局。市场监管总局通过召回实施情况监督和评估发现生产者的召回范围不准确、召回措施无法有效消除缺陷或者未能取得预期效果的，应当要求生产者再次实施召回或者采取其他补救措施。

2. 汽车产品召回流程

汽车产品召回流程如图 7–1 所示。

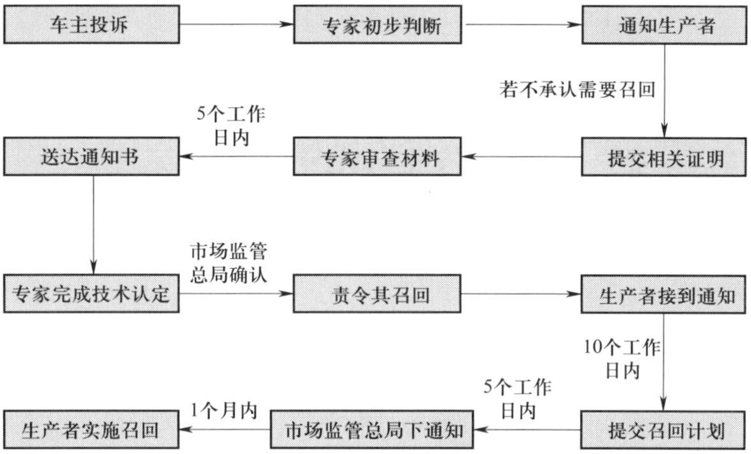

图 7–1　汽车产品召回流程

【案例分析】

根据国内近些年一些汽车产品召回计划的实施情况，大多采取的是汽车生产厂商根据自身供应及缺陷程度自行进行汽车召回。当有缺陷的汽车对消费者构成严重威胁或生产厂商对存在安全问题没有给予应有的重视时，才会通过法律手段强制生产厂商召回。有时召回是为了防止部分机动车在极端情况下发生的个案，同时也为了改进并优化车辆的机动性能或配置功能，让其品牌的汽车的产品质量更高、耐久性更强、更安全，令消费者更加满意。主机厂实施一次成功的召回不会对厂商及其产品形象造成太大损害，反而有利于提高人们对主机厂和品牌的信任度和忠诚度。

【评价与讨论】

一、自评与互评

结合本节学习目标，对知识掌握情况进行自评与互评，见表 7–3。

表 7–3　　自评与互评

评价内容	自评	互评
能否准确叙述汽车召回制度的含义（25 分）		
能否了解市场监管总局如何组织开展车辆缺陷调查（25 分）		
能否准确叙述汽车召回实施与管理的内容（25 分）		
能否准确叙述汽车召回的流程（25 分）		
总评（学生自评 40%+ 小组互评 60%）		

二、小组讨论

1. 当发现车辆质量问题可能会影响行车安全时，生产者如何实施召回流程？
2. 如何查询车辆召回信息？

第三节　汽车的保修管理

学习目标

1. 理解汽车保修的含义。
2. 掌握汽车产品保修规范。
3. 掌握汽车产品保修的流程。
4. 了解汽车产品保修管理的内容。
5. 了解汽车保修信息反馈。

【案例导入】

近日，张先生的商务车想进行二手车交易，对车辆进行评估时却发现有一次变速器的大修记录，导致最终评估价格低于心理预期太多。但是他的车一直在当地某 4S 店进行保养，从未检修过变速器系统。张先生联系之前的售后维修车间经理才发现，两个月前，张先生的车在这家 4S 店正常做保养，碰巧另一辆已经超出保修条件的同款汽车正在维修，维修车间的机电技师不小心损坏了同款车辆的变速器系统，鉴于变速器零部件的金额较大，而刚好张先生的车还在保修期内，于是机电技师就利用张先生车辆的里程数和铭牌提交了保修资料，从主机厂申请了一个变速器控制零部件装到损坏了的车上，因此张先生的车就多了一条变速器系统维修记录。案例中，这家 4S 店的做法违反了什么规定？会造成怎样的后果？

【知识准备】

一、汽车保修概述

1. 保修

车辆保修又称车辆质量保修、质量担保、质量赔偿等，其基本含义是指产品（整车、配件或者系统）的生产者与经销商根据保修条款，为确保产品能正常使用并在一定时期内其性能充分满足要求而做出的一种承诺。

2. 保修期

车辆保修期是指厂商向消费者卖出车辆时，所承诺的对该车辆因质量问题而出现的故障提供免费维修及保养的时间段。一般在消费者与经销商完成交易的同时，会与消费者办理保修卡来作为保修凭证，或发布保修手册。保修凭证上一般会明确消费者信息、购买日期、产品型号、出厂日期、保修期限和范围、维修记录等。保修期分为有一定期限的保修和终身保修两种。保修起始时间和结束时间需要满足国家相关法律法规要求。

二、汽车保修规范

1. 整车保修

根据《家用汽车产品修理更换退货责任规定》，家用汽车产品的三包有效期不得低于 2 年或者行驶里程 50 000 km，以先到者为准；包修期不得低于 3 年或者行驶里程 60 000 km，以先到者为准。

2. 精品附件保修

主机厂新车销售时或售后加装的，经主机厂认可的原厂精品附件保修期以主机厂公告为准，一般品牌执行与自费更换的零部件相同的保修政策，为 1 年或行驶里程 20 000 km 以上，以先到者为准。

3. 易损耗零部件保修

家用汽车产品的易损耗零部件在质量保证期内出现产品质量问题的，消费者可以选择免费更换易损耗零部件。易损耗零部件包括轮胎、灯泡、蓄电池、雨刮片、火花塞、四大滤清器（空气、空调、燃油、机油）、制动液、制动摩擦片、遥控器电池、离合器摩擦片、变速器油、发动机润滑油、冷却液、液压油等。汽车生产厂家一般会在车辆保修手册中明确易损耗零部件清单、种类以及质量保证期。不同汽车品牌对易损耗零部件保修期的规定，从 1 000 km 至 20 000 km 不等，对纳入易损耗零部件的种类和保修期限的设定不同，甚至同一品牌下不同车型的期限也有差别。某品牌汽车易损耗零部件及其质量保证期见表 7–4。

表 7–4　　某品牌汽车易损耗零部件及其质量保证期

易损耗零部件	质量保证期（时间及行驶里程，以先到者为准）
雨刮片	6 个月 / 行驶里程 10 000 km
遥控器电池	6 个月 / 行驶里程 10 000 km
灯泡	6 个月 / 行驶里程 10 000 km
熔丝	6 个月 / 行驶里程 10 000 km
火花塞	6 个月 / 行驶里程 10 000 km

续表

易损耗零部件	质量保证期（时间及行驶里程，以先到者为准）
空气滤清器	6 个月 / 行驶里程 10 000 km
机油滤清器	6 个月 / 行驶里程 10 000 km
燃油滤清器	6 个月 / 行驶里程 10 000 km
空调滤清器	6 个月 / 行驶里程 10 000 km
制动摩擦片	6 个月 / 行驶里程 10 000 km
驻车制动蹄片	6 个月 / 行驶里程 10 000 km
离合器摩擦片	6 个月 / 行驶里程 10 000 km
轮胎	6 个月 / 行驶里程 10 000 km
蓄电池	1 年 / 行驶里程 20 000 km

三、汽车保修流程

国内汽车产品保修一般由授权经销商进行操作，各品牌针对车辆保修的处理流程也不尽相同，但遵循的原则基本相近。

1. 车辆有关问题反馈及报告

通过对报修车辆故障进行检查，确认维修操作内容和需要更换的维修配件号，及时提交至服务顾问或保修员。

2. 判断是否需要保修

通过系统查询并确认客户维保记录、保修手册等信息，确认车辆保修条件，做出基本的判断，是进行整车保修、零部件保修、精品附件用品保修还是延长保修等，并判断是否在保修范围内。审查保修零部件是否适用于保修条件且在保修期内，听取客户用车信息，排除人为损坏。

3. 获取客户授权

确认保修内容并征得客户同意后再进行维修，向客户解释保修时间、费用、旧件处理方式等。

4. 保修申请

保修员将保修内容提交系统，查询并确认保修内容及方案是否有效。特殊零部件要通过厂家审核，按照保修要求进行相应的证据留存并提交，如已损坏零部件的外观照片、车辆行驶里程数、车辆 VIN 号码等。

5. 旧件管理

对旧件悬挂标准索赔标签后进行存放，原则上不允许随意拆解配件，应保持原包装存放。部分零部件可能会进行紧急返运处理，以分析改进产品。

四、汽车保修管理

汽车产品在使用过程中发生任何异常或故障，会给客户带来非常不好的用车体验。规范保修过程能及时恢复客户对公司的信任，甚至还会提高客户满意度，以此建立良好的口碑，间接带来新车销售的增长。

各品牌对保修管理有严格的要求，特殊条件下，需要征得总公司同意才可以进行保修处理，特别是涉及三包有效期的车辆保修。汽车维修企业要规范保修业务，遵循厂家制定的规则。

1. 保修件诊断分析

售后服务中心应对保修件进行专业、全面的诊断。维修技师应严格按照维修操作规范指导维修，并正确使用必要的设备、仪器和方法进行故障排查，对故障现象要进行严密的分析和诊断，避免盲目更换及凭经验维修。

2. 保留保修数据

应当在工单上详细记录诊断过程、检测数据、检测代码及故障原因等。若检测过程中使用相关仪器，应当对仪器数据进行拍照、打印等操作并将结果附在保修工单上以备查验。

3. 单据齐全

大多数品牌车型会要求具有保修资格的站点执行保修操作时保留完整的单据资料，例如预检单、问诊表、维修工单、出料单、结算单、取车单、相关检测凭证、客户购买配件的发票或结算单、其他费用凭证（如拖车费、救援费、零件紧急回运费的发票或结算单）以及相关工程师或技术人员授权书等。

4. 信息准确性

应确保维修信息单、照片、音视频、时间真实有效。保修相关单据客观地反映了维修各业务环节的流转过程，单据上所记录的信息具有时效性，必须与保修系统信息保持一致。

5. 旧件管理

严禁维修技师未经授权分解或人为恶意损坏保修零部件。保修零部件应按照标准分类存放，特别是含油液类、电解液类的零部件应独立存放，防止安全事故发生。存放期间应使用原包装并标识，严禁旧件堆砌乱放，导致保修零部件损坏扩大，影响后期的产品质量分析甚至产生不必要的损失。

五、汽车保修信息反馈

车辆保修信息的反馈主要通过保修系统、邮件、电话等方式进行。大多数厂家会要求信息反馈的及时性，特别是上市 6 个月以内的新车，为了第一时间获得产品质量信息，保修员应第一时间联系相应负责人上报反馈。原则上，录制视频能反映故障内容和时间节点，拍摄的照片应清晰可见，对于不明显的故障部位可以进行标记或同正常部位照片进行对比。

汽车产品质量保修往往伴随着客户的抱怨。部分汽车品牌会要求同时反馈客户抱怨的内容，客户抱怨内容的反馈应做到客观、准确，并且保证客户隐私数据。

【案例分析】

由于部分豪华汽车的零部件价格偏高，有部分 4S 店在经营不善的情况下，通过虚构保修记录向主机厂骗取零部件已是公开的业内“潜规则”。各主机厂也在通过各种手段，管理和约束一些获得保修授权的经销商，但仍有部分 4S 店内管理不严格，导致这种事件发生。

本案例中，张先生的车辆维修档案里显示有变速器的大修记录，变速器作为重要总成部件进行维修后，会严重影响二手车的最终评估价格。4S 店的维修管理人员在进行保修操作时，必须提交真实、有效的车辆保修数据、维修工单、保修结算单等，并且需要客户本人签字确认。汽车维修企业的售后管理人员应严格审查车辆保修流程，及时上报准确信息，并保留相关单据以备查验，做到内部自查，外部抽查，从而提高客户的满意度。

【评价与讨论】

一、自评与互评

结合本节学习目标，对知识掌握情况进行自评与互评，见表 7–5。

表 7–5　　自评与互评

评价内容	自评	互评
能否了解汽车保修的含义（25 分）		
能否准确叙述汽车产品保修规范（25 分）		
能否准确叙述汽车产品保修的流程（25 分）		
能否了解汽车产品保修管理的内容（25 分）		
总评（学生自评 40%+ 小组互评 60%）		

二、小组讨论

1. 保修期内车辆更换的旧件在存放过程中发生了丢失，但厂家明确此类配件需要运回做质量分析，此时汽车维修企业应该如何处理？

2. 如何理解告知客户保修费用以及在保修工单中获得客户签字的重要性？